Phänomen-Verlag

Raoul Eshelman

Die Rückkehr des Glaubens:

Zur performatistischen Wende in der Kultur

Bibliografische Information Der Deutschen Bibliothek:

Die Deutsche Bibliothek verzeichnet diese Publikation in der Deutschen Nationalbibliografie; detaillierte bibliografische Daten sind im Internet über http://dnb.ddb.de abrufbar.

Raoul Eshelman, Irina Hron
Die Rückkehr des Glaubens
EAN 978-84-946284-1-2

Phänomen-Verlag
Web: www.phaenomen-verlag.de
E-Mail:kontakt@phaenomen-verlag.de

Satz & Gestaltung: Phänomen-Verlag

Die Rückkehr des Glaubens:

Zur performatistischen Wende in der Kultur

von Raoul Eshelman
unter Mitarbeit von Irina Hron

Für Juliette

Inhalt

Vorwort 11

Kapitel 1: Von der Postmoderne zum Performatismus 17

Kapitel 2: Performatistisches Erzählen 55

Kapitel 3: Performatistisches Denken und das performatistische Menschenbild 81

Kapitel 4: Visuelles (Architektur, Kunst, Fotografie) 111

Fazit: 151

Anhang 1: Anmerkungen zur wissenschaftlichen Postmoderne- und Postpostmoderne-Diskussion 155

Anhang 2: Performatismus selbst bestimmen! 173

Abbildungsverzeichnis:. 178

Textverzeichnis: 180

Vorwort

Wir leben unbestreitbar in einer Zeit des kritischen Skeptizismus, in der Glaube meist nur noch als Zitat am Rand der Kultur eine Rolle spielt – beispielsweise bei gelegentlichen biblischen oder religiösen Anspielungen in ansonsten weltlichen Filmen, Gemälden oder Büchern. Die eindeutig säkularisierte Ausrichtung unserer Gesellschaft hat scheinbar endgültig dafür gesorgt, dass das Erlebnis des Glaubens aus unserem kulturellen Erfahrungsbereich verschwunden ist. Die vorliegende Abhandlung allerdings erhebt den Anspruch zu zeigen, dass gerade das Gegenteil der Fall ist: Wir erleben in den letzten 15-20 Jahren – so die tragende These – nichts Geringeres als die Rückkehr des Glaubens als bestimmende Kraft in unserer ansonsten so säkular geprägten Kultur. Dies bedeutet allerdings weder eine Hinwendung zur Mystik noch die Wiederkehr institutionalisierter Religionslehren. Vielmehr äußert sich der Glaube – verstanden als beharrliches Vertrauen in ein höheres Prinzip oder aber in andere Menschen – in der Konstruktionsweise unzähliger Romane, Filme, Bücher, Kunstwerke und architektonischer Bauwerke. Es geht also nicht so sehr um Sinn oder um einen näher bestimmbaren geistigen Gehalt, sondern vielmehr darum, dass wir verschiedene Formen des Glaubens durch Kunst, Architektur, Film und Literatur unterschwellig – also durch die Form hindurch – erfahren. Meine These ist, dass in Werken der Kultur die *Techniken* des Glaubens erneut auf uns einwirken, ohne dass wir uns dessen immer bewusst sind.

Das vorliegende Buch ist das Ergebnis einer über 15 Jahre langen Forschungstätigkeit, die unter anderem eine Monografie (*Performatism, or the End of Postmodernism*, 2008) und mehr als 25 Aufsätze hervorgebracht hat. Das Buch selbst ist jedoch an ein allgemeines Publikum gerichtet und nicht an Fachkollegen oder andere Wissenschaftler. Auf Fachjargon habe ich daher weitgehend verzichtet und technische Termini erläutert, wo sich deren Gebrauch nicht vermeiden ließ. Auch wurden bestimmte Argumentationslinien vereinfacht, um nicht allzu sehr in verwickelte Fachdiskussionen abzugleiten. Die Beispiele beziehen sich in der Regel auf bereits veröffentlichte Analysen, die teils in Fachzeitschriften, teils aber auch im Internet zugänglich sind (eine Übersicht findet sich auf meiner Website www.performatism.de). Wer die eigenen Kenntnisse vertiefen will oder sich für bestimmte Einzelaspekte interessiert, sei auf den *Anhang* dieses Buches verwiesen, in dem die wissenschaftlichen Hintergründe kurz erläutert und weiterführende Hinweise gegeben werden.

Über meine eigene Person wäre zu sagen, dass ich ein amerikanischer Slavist bin, der schon lange in Deutschland lebt und arbeitet – es sind inzwischen mehr als 37 Jahre. Diese Mischung aus amerikanischer Herkunft, deutscher Fachausbildung und wissenschaftlicher Beschäftigung mit russischer, tschechischer und polnischer Kultur hat zu einem nachhaltigen Interesse an allgemeineren Problemen der kulturgeschichtlichen Entwicklung geführt, das mich letzten Endes weit über die Grenzen meines eigenen

Faches hinausgeführt hat. Im vorliegenden Buch habe ich allerdings deutschen und angelsächsischen Beispielen aus Literatur, Film, Kunst und Architektur den Vorzug gegeben und auf eher unzugängliche slawische Beispiele, die mir ansonsten lieb wären, verzichtet.

Auf das Thema des Glaubens bin ich erst langsam gekommen. Gegen Ende der 90er Jahre wurde mir (und vielen anderen Beobachtern) klar, dass sich die ironischen und spielerischen Strategien der sogenannten Postmoderne erschöpft hatten. Die Frage war nun, wie eine mögliche „Postpostmoderne“ aussehen könnte (für die unschöne Wortbildung „Postpost-“ gab es damals keine Alternativvorschläge). Wie viele andere auch hatte ich nach den künstlichen Spielereien und nach der gnadenlosen Erkenntniskritik der Postmoderne mit der Rückkehr zu einer Art Realismus oder Humanismus gerechnet. Weder das eine noch das andere war in meinem Fachgebiet allerdings eingetreten. So war beispielsweise die bei Weitem populärste Gestalt der russischen Literatur der 90er Jahre Viktor Pelevin, dessen Werke den Leser durch hinterhältige erzähltechnische Kniffe dazu brachten, das eigene Ich im Sinne des Buddhismus aufzulösen – ein nicht unbedingt hehres humanistisches Anliegen. In der polnischen Literatur stieß ich auf das Werk des Publikumslieblings Olga Tokarczuk, deren bekannteste Erzählung der frühen 90er Jahre („Der Schrank“) von einem Paar handelt, das sich in einem alten Kleiderschrank einschließt, der sämtliche Unterschiede zwischen Mann und Frau in eine unerklärliche Ureinheit überführt – auch dies nicht besonders realistisch. Zum Schlüsselerlebnis wurde schließlich der Film *American Beauty* aus dem Jahr 1999, der mit einer nicht weiter hinterfragbaren, quasi-buddhistischen Botschaft endet. Damit war die neue Tendenz ganz offensichtlich auch im amerikanischen Mainstream-Kino angekommen. Nach diesen und ähnlichen Lektüren bzw. Kinoerlebnissen, die sich mit den zu dieser Zeit geläufigen literatur- bzw. filmwissenschaftlichen Mitteln nur schlecht erklären ließen, begann ich nach einer theoretischen Alternative zu suchen. Diese fand ich bald in der sogenannten Generativen Anthropologie des amerikanischen Kulturtheoretikers Eric Gans. Gans knüpft an eine Argumentationslinie an, die von den französischen Soziologen Emile Durkheim und Marcel Mauss ausging und in jüngster Zeit vom amerikanischen Soziologen Erving Goffman und vom französischen Kulturwissenschaftler René Girard fortgesetzt wurde. Dieser Denkweise zufolge haben viele gesellschaftliche Verhaltensweisen eine ursprünglich sakrale Funktion und umgekehrt: Sakrale Funktionen spielen immer noch eine zentrale, wenngleich nicht immer sichtbare Rolle im weltlichen Treiben unserer Gesellschaft. Von Gans ausgehend habe ich daher drei Momente herausgestellt, die für die Kulturentwicklung der letzten zwanzig Jahre bestimmend sind: (1) Einheitsdenken (Monismus), (2) performativ bzw. ästhetisch vermittelter Glaube (im Unterschied zum religiösen Dogma) und (3) die Rückkehr des Schönen.

Mein Buch versucht aufzuzeigen, wie mit diesen Momenten ein gewisser Grundoptimismus in unser Kulturleben zurückkehrt, der uns Schönheit (unter bestimmten Bedingungen) wieder erfahrbar macht und eine neue, aktive Art des ethischen Handelns ermöglicht. Allerdings ist Vorsicht geboten, daraus allzu weitreichende Schlussfolgerungen zu ziehen. Glaube kann bekanntlich Berge versetzen, aber auch missbraucht werden. Zudem ist das, was sich im Bereich der Kultur abspielt, nicht immer ein verlässliches Spiegelbild gesamtgesellschaftlicher Zustände. Hier können ohnehin nur gewisse Tendenzen aufgezeigt werden – doch noch ist es zu früh, eine umfassende Interpretation der laufenden Entwicklung abzugeben.

Der Leser sollte nach der Lektüre dieses kleinen Buches in der Lage sein, nicht nur aktuelle Kulturerscheinungen besser zu verstehen, sondern deren Eigenschaften gewissermaßen auch vorherzusagen. Denn wer einen neu in die Kinos gekommenen Film anschaut, ein neues Gebäude besichtigt oder ein gerade erst erschienenes Buch liest, wird in der überwiegenden Mehrzahl der Fälle auf Merkmale treffen, die hier als stilbildend für die neue Epoche dargestellt werden. Insofern liefert mein Buch weniger einen umfassenden Überblick über das jetzige Kulturgeschehen als vielmehr einen Anreiz für Leser, die hier aufgeführten Kriterien in der Literatur, im Film und in der Architektur der Gegenwart selbst zu entdecken.

Ein besonderer Dank gilt meiner Mitarbeiterin Dr. Irina Hron, die das Buch nicht nur sprachlich überarbeitet, sondern auch viele inhaltliche Vorschläge gemacht hat, die wesentlich zur Verbesserung der Darstellung oft sehr schwieriger Fachbegriffe und -zusammenhänge beigetragen haben. Nicht zuletzt möchte ich mich bei meinem Verleger Tom Eichler, bedanken, der mich überhaupt erst auf die Idee brachte, meine Ideen einem breiten Publikum näher zu bringen.

Kapitel 1

Von der Postmoderne zum Performatismus

Das vorliegende Buch versucht, die epochalen Veränderungen zu beschreiben, die sich in der westlichen Kultur während der letzten zwanzig Jahre zugetragen haben. Es geht dabei um die Abkehr von einer radikal ironischen und erkenntniskritischen „postmodernen" Befindlichkeit hin zu einer neuen kulturellen Haltung, die uns förmlich zum Glauben zwingt. Diese neue, kulturell vermittelte Befähigung zum Glauben darf allerdings nicht als eine religiöse Wende missverstanden werden. Unsere Kultur ist – mit sehr wenigen Ausnahmen – eine säkulare und dies wird sich in absehbarer Zeit auch nicht wesentlich verändern. Die neue Einstellung hin auf den Glauben ist daher in erster Linie ***ästhetisch*** erfahr- und erklärbar, das heißt mittels einer Auseinandersetzung mit Literatur, Film, Architektur und bildender Kunst. Diese ästhetisch vermittelte, kulturübergreifende Glaubenserfahrung nenne ich ***Performatismus***. Wie sie zustande kommt und wirkt, und warum sie so heißt, möchte ich auf den folgenden Seiten darstellen.

Am besten lässt sich mit einem kurzen Rückblick auf die Kulturentwicklung während der letzten 50 Jahre beginnen. Seit Anfang der 60er Jahre herrscht in der westlichen Kultur – und nicht nur dort – eine ironisierende und radikal erkenntniskritische Haltung, die man landläufig

Postmoderne nennt. Selbst in Deutschland, wo man der Postmoderne gegenüber stets skeptisch blieb, lässt sich diese kulturelle Dominante gut beobachten. Filme wie *Paris, Texas* (Wim Wenders, 1984), Romane wie Patrick Süßkinds *Parfum* (1985) oder Christian Krachts *Faserland* (1995), fotografische Serien wie die Fördertürme von Bernd und Hilla Becher (70er Jahre) oder Gebäude wie die Staatsgalerie Museum in Stuttgart (James Stirling, 1984) – um nur einige Beispiele herauszugreifen – verkörpern alle in der einen oder anderen Weise Schlüsselelemente der Postmoderne.

Doch was ist eigentlich die Postmoderne? Wie alle breit angelegten epochalen Kulturentwicklungen (Barock, Romantik, Realismus usw.) lässt auch sie sich nicht völlig einheitlich oder abschließend bestimmen. Für unsere Zwecke begreift man sie am besten als Skepsis gegenüber den realen oder vermeintlichen Fehlleistungen der Moderne, also der europäischen und anglo-amerikanischen Kulturentwicklung zwischen etwa 1910 und Mitte der 40er Jahre. Wesentlich dabei sind das katastrophale Erbe des Totalitarismus sowie die von der modernen Technik ermöglichte Massenvernichtung während des Zweiten Weltkriegs. So mündete das utopische Streben der künstlerischen Moderne in politischen Totalitarismus, so wurde die authentische Erfahrung des Einzelnen angesichts des Massensterbens im Konzentrationslager und Gulag entwertet, so gipfelten Innovationsdrang und technischer Fortschritt in die Atompilze von Hiroshima und Nagasaki. Die Gegenreaktion, die man Postmoderne nennt, ergibt sich dabei weniger aus bewusst entworfenen programmatischen Überlegungen – denn auch diese waren eine Spezialität der avantgardistischen Moderne – als vielmehr aus dem diffusen Bestreben, die katastrophalen Fehler der Moderne nie wieder aufkommen zu lassen. Davon ausgehend wandte man sich vom Utopismus und von klar markierten ideologischen Positionen ab, man verwarf die Suche nach authentischer individueller Erfahrung als illusorischen Selbstbetrug und weigert sich, eigene Werke als völlig neu – und damit als Fortsetzung des modernistischen Innovationsstrebens – zu deklarieren. Stillschweigend machte man beim Projekt der Moderne, das auf Utopismus, Fortschrittsglauben, Innovationsfreude und authentischer Erfahrung fußte, einfach nicht mehr mit.

Doch was ergab sich aus dieser Verweigerungshaltung? Die Kritiker der Postmoderne sehen darin eine Art Rückkehr des Nihilismus oder einen Verzicht auf ethische Verantwortung schlechthin – daher die häufig formulierte Kritik, die Postmoderne sei „sinnentleert", „unmoralisch", „beliebig" oder „Verrat an der Aufklärung". In Wirklichkeit trifft keiner dieser (in Deutschland häufig geäußerten) Kritikpunkte wirklich zu. Stattdessen haben die Postmodernisten – die von ihrer Postmodernität zunächst natürlich nichts wussten – Strategien entwickelt, die eine Wiederholung der modernen Katastrophen verhindern sollten. Diese Strategien, die in den verschiedensten Medien, Gattungen und kulturellen Zusammenhängen entstehen, hinterlassen beim ersten Betrachten einen sehr uneinheitlichen und unübersichtlichen Eindruck. Dennoch lassen sich trotz dieser Vielfalt der Erscheinungsformen gewisse wiederkehrende Muster erkennen, die dazu berechtigen, von einer zusammenhängenden Richtung oder Entwicklung zu sprechen.

Wie sehen nun diese Strategien konkret aus? Beinahe durchgehend findet man eine grundsätzlich desillusionierende Haltung, die authentisches innerliches Erleben, die Aufdeckung eines tieferen, verborgenen Sinnes oder die schlagartige Synthese des Neuen aus dem Alten unterwandern, ad absurdum führen oder prinzipiell unmöglich machen. Ein „klassisches" Beispiel hierfür ist Donald Barthelmes Kurzgeschichte „Der Ballon" („The Balloon", 1968). Dort beschreibt der Protagonist in aller Ausführlichkeit, wie er einen riesigen Ballon über Manhattan hochsteigen lässt. Der wundersame Ballon, der 45 Straßenzüge bedeckt und auf dem man stellenweise spazieren gehen kann, erzeugt verschiedene „Meinungen", „Reaktionen" und „Komplexe von Haltungen", aber keinen greifbaren Sinn. Erst am Ende der Erzählung wird der „Sinn" des Ballons in ein paar Sätzen enthüllt. Der Erzähler gesteht seiner Freundin, die gerade aus Norwegen zurückgekehrt ist, dass der Ballon eine „autobiografische Eröffnung" sei, die er habe aufsteigen lassen, weil er „Unbehagen" bei der Abwesenheit der Freundin sowie „sexuelle Mangelerscheinungen" verspürt habe. Der „sinnlose" Ballon erweist sich als eine bewusst lancierte, selbsttherapeutische Falschheit und das „sinnvolle" Geständnis des Erzählers zwingt uns, immer wieder an dieser Falschheit teilzunehmen. Weder Erzähler noch Leser können sich diesem Kreislauf entziehen. Wer nach dem *Autor* sucht, der Klarheit schafft oder einen rettenden Ausweg bietet, sucht vergebens, denn der Autor ist von vornherein zum einen die Quelle der endlosen Kreisbewegung und zum anderen ebenso darin gefangen wie Erzähler und Leser.

Anhand dieses endlosen Kreislaufs des Erzählens lassen sich die oben erwähnten Grundstrategien der Postmoderne gut erkennen: Der postmoderne Mensch zeichnet sich nicht mehr durch eine authentische Tiefendimension aus, sondern durch die Fähigkeit, seine eher banale Innerlichkeit durch die Setzung falscher Zeichen in der Öffentlichkeit zu verbreiten. Der Mensch bauscht sich dadurch an der Oberfläche eine Zeit lang selbst auf und wird nicht mehr direkt greifbar, verliert dabei somit an Tiefgang und Substanz. Gleichzeitig wird dieser postmoderne Mensch, sofern er sich als Erzähler betätigt, durch eine grundsätzliche, nicht mehr aufzuhebende Ironie bestimmt. Er macht zwar selbst ehrlicherweise auf die eigene, spielerisch inszenierte Falschheit aufmerksam, bleibt aber immer auf diese angewiesen, um seinem Trieb- und Innenleben Abhilfe zu verschaffen. Trotz eines maximalen Grades an authentischem Selbstwissen kann er nur immer wieder den Zyklus von spielerischer Verstellung und kritischer Selbstentlarvung durchlaufen, und zwar ohne Aussicht auf eine „echte", befreiende Überwindung der vorliegenden Umstände. Dies leitet auch den viel zitierten „Tod des Autors" ein. Zwar stirbt der Autor natürlich nicht buchstäblich, aber er ist als autoritative Quelle grundsätzlich außer Gefecht gesetzt – er bietet keinen Ausweg aus dem erkenntnistheoretischen Teufelskreis, den er selbst so gnadenlos gezeichnet hat.

Der postmoderne Mensch, wie er etwa in „Der Ballon" zum Ausdruck kommt, ist in hohem Maße ambivalent. Er hat zwar keine Illusionen mehr (er kann die eigene Lage bestens beschreiben) und er kann frei simulieren und spielen (den Ballon erfinden), aber er kann nicht über sich selbst hinauswachsen. Es gibt nichts Echtes, auf das er zurückgreifen könnte und es gibt kein utopisches Ufer, an das er sich retten könnte. Wer sich als Moderne-Nostalgiker mit dieser Lage nicht anfreunden kann, muss jedoch angeben, was genau das „Echte" ist, das wir anstreben sollten, und er muss angeben, welcher ideale Fixstern uns den Weg zeigen würde, um dieser misslichen Situation zu entkommen. Genau deshalb, weil all diese authentischen und utopischen Lösungen in der Moderne bereits durchgespielt worden sind – und zwar mit bedenklichen bis katastrophalen Folgen –, ist es schwierig, die erkenntniskritischen Strategien der Postmoderne ganz ohne weiteres aus den Angeln zu heben. Auch deshalb konnte sich die Postmoderne bei aller gelebten Ambivalenz so lange und so nachhaltig durchsetzen. Was übrig bleibt (neben einer gewissen Melancholie) ist die Erkenntnis, dass wir kritisch und spielerisch mit der Misere umgehen können, in der wir stecken, und dass der Versuch, diese Misere mit den Mitteln der klassischen Moderne zu überwinden, nur zu noch größerem Unheil führen würde. Denn: Wer die Moderne in aller Konsequenz noch einmal durchspielen will, ist dazu verurteilt, dies im Guten und im Schlechten zu tun. Wer Mensch und Gesellschaft im Sinne eines utopischen Ideals radikal umkrempeln will, wird sich auch auf den totalitären Missbrauch dieses Ideals einlassen müssen.

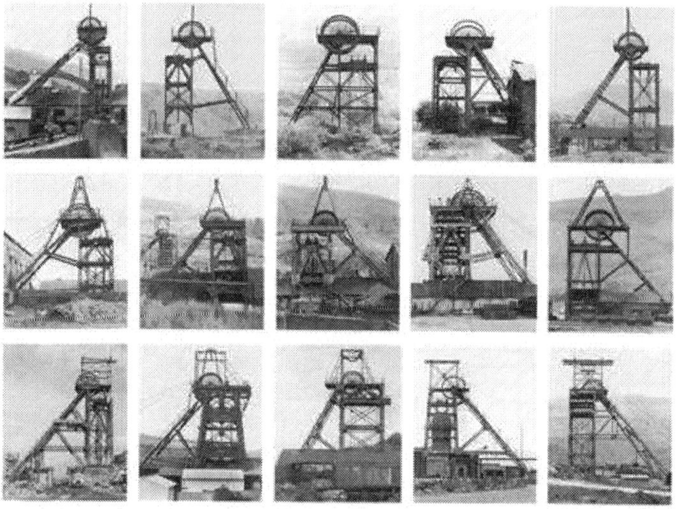

Abb. 1

Die Postmoderne hat neben der erzählerischen auch eine visuelle Dimension. Diese ließe sich anhand unzähliger Beispiele vorführen, von den berühmten Suppendosen des Andy Warhol bis hin zu den Video-Installationen eines Nam June Paik. Dennoch lassen sich einige Kernmerkmale der Epoche an einem bekannten deutschen Beispiel aufzeigen, und zwar an Bernd und Hilla Bechers Fotografien von deutschen Industriebauten (Abb. 1). Die Bechers machten serielle Aufnahmen von Funktionsbauten verschiedener Art (Fördertürme, Zeche, Gasbehälter usw.), und zwar an bewölkten Tagen aus der fast durchgehend gleichen Bodenperspektive, sodass keine naturgegebene Schönheit aufkommen konnte. Die Bauten wirken stets flach und trist. Aus der seriellen Präsentationsweise ergibt sich ein kurioser Umkehreffekt: In Serie wirken die rein funktional angelegten Bauvariationen wie künstlerische Zierde, die (häufig nicht mehr benutzten) Bauten werden zur ornamentalen Kunst, ohne dabei wirkliche Schönheit auszustrahlen. Diese Methode findet eine weitere Zuspitzung im Werk des Becher-Schülers Thomas Ruff, der Menschengesichter auf ähnliche Art und Weise wie die Bechers aufnimmt (Abb. 2).

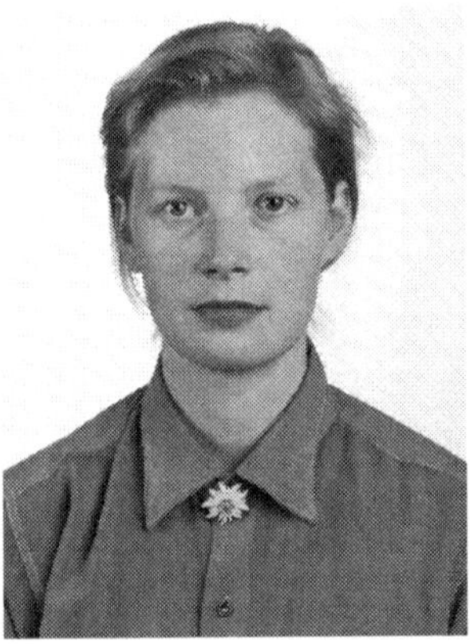

Abb. 2

Die ausdruckslosen Gesichter seiner Fotos, die alle frontal mit gleichmäßiger Beleuchtung vor einem neutralen Hintergrund aufgenommen werden, kehren die Erwartung einer psychologischen Einsicht in das porträtierte Subjekt ins Gegenteil um. Das menschliche Gesicht erweist sich als etwas Gegenständliches, beinahe Lebloses, das uns zudem direkt anstarrt und die Beziehung zwischen Beobachter und Beobachtetem auf den Kopf stellt. Postmodern an all diesen Bildern ist nicht nur deren Ausschaltung der Naturschönheit (der „Echtheit“ oder der natürlichen Sinnlichkeit der Dinge), sondern der grundsätzlich ironische Umgang mit dem Quellenmaterial. Durch die serielle Neuordnung des Kontextes werden aus hässlichen Funktionsbauten quasi-ästhetische Objekte, aus menschlichen Gesichtern werden flache, vergegenständlichte Bilder, die uns affektlos anblicken. Diese Ironisierung gilt nicht minder für den Akt des Fotografierens selbst: In beiden Fällen wurden Einstellungen gewählt, die mechanistisch wiederholbar und dementsprechend alles andere als künstlerisch oder ästhetisch wirken. Anstelle der modernistischen Aufgabe, die materielle Sinnlichkeit der Dinge und der Menschen mit technischem Geschick freizulegen, findet man lediglich eine Nostalgie für diese Wertigkeiten, die inzwischen nur noch als grau oder blass gewordene Oberflächenerscheinungen zu konsumieren sind.

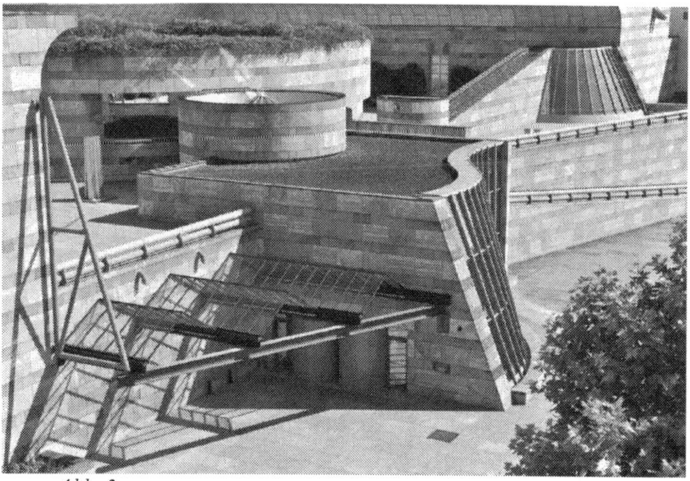

Abb. 3

Die Postmoderne zeigt sich auch deutlich in der zeitgenössischen Architektur. In Deutschland ist das berühmteste und wohl beste Beispiel die Neue Staatsgalerie Stuttgart (entworfen vom englischen Architekten James Stirling), die 1984 in Betrieb genommen wurde (Abb. 3). Hier findet man das für die Postmoderne typische architektonische Stilgemisch. Stirling zitiert mit seinem Bau alle möglichen Stilrichtungen von der Athener Akropolis über den modernistischen Funktionalismus bis hin zu bunten Querverweisen auf postmoderne Musterbauten wie das Centre Pompidou in Paris. Diese Stilzitate stehen nicht länger in einem ideologischen oder dialektisch-dynamischen – also kämpferischen – Verhältnis zueinander, sondern in einer Beziehung, die sich am besten als gegenseitige Ironisierung beschreiben lässt. Die einzelnen Zitate erheben zwar noch einen ideologischen Anspruch (beispielsweise auf die Realisierung von Klassizismus, Funktionalismus oder Monumentalismus), die schiere Menge der Zitate lässt aber keine der genannten Stilrichtungen mehr dominieren. Die radikale Pluralität dieser Stilrichtungen verweist einerseits spielerisch auf den ideologischen Charakter von Architektur, lässt aber andererseits die jeweils einzelnen Stile samt ihren ideologischen Ansprüchen ins Leere laufen. Auch diese Indifferenzhaltung gegenüber konkurrierenden Positionen ist typisch postmodern: Eine übergeordnete Perspektive, die diese Positionen miteinander versöhnen oder gar in eine Totalität überführen würde, wird bewusst nicht angestrebt. Die auktoriale, also die den Autor betreffende Position unterliegt einem endlosen, ironischen Regress, aus dem sich nicht erschließen lässt, an welchem Punkt sie sich eigentlich befindet oder welche Haltung sie zu den einzelnen Stilrichtungen eigentlich einnimmt. Dabei bleiben die verschiedenen Stilrichtungen zwar noch erhalten, aber rein nostalgisch, als verblasste, nachträglich gesetzte Hinweise auf etwas Vergangenes, und nicht als lebendige Alternative.

Rechnet man die ironisierenden Verfahren aus Barthelmes Erzählung und aus den Becher- und Ruff-Bildern hoch und berücksichtigt dabei die verspielten, eklektizistischen Formen der Stuttgarter Staatsgalerie, ergibt sich ein einigermaßen verlässliches Bild der Postmoderne im Kleinen. Insgesamt ist die Postmoderne weitgehend auf das Spiel mit nachträglich gesetzten, von anderen Quellen abgeleiteten Zeichen ausgerichtet – man bekommt so gut wie nie die Illusion geliefert, man habe es mit der direkten Erfahrung von irgendetwas zu tun. Postmoderne Kunst und postmoderne Prosa sind stark konzeptualisierend und machen dies per Selbstverweis auch deutlich spürbar. Dabei erscheint der Mensch in der Postmoderne stark verflacht und fremdbestimmt. Wichtig ist nicht mehr eine innere, authentische Tiefendimension, sondern der äußere, unendlich variable Kontext, der geradlinige Absichten auflaufen oder aber ins Leere laufen lässt. Der desillusionierende Gestus der Postmoderne lehrt, dass wir uns dieser kontextbedingten Zufälligkeiten zumindest bewusst werden müssen, auch wenn wir sie nicht wesentlich ändern können. Grandios angelegte Neuigkeiten und Erneuerungen gibt es nicht mehr, dafür aber ironische Verschiebungen, die einen unkritischen Umgang mit den Dingen verhindern. Typisch ist die Versetzung von bereits Bekanntem in einen anderen Zusammenhang, der dessen Inhalt ironisch in eine nicht ursprünglich vorgesehene Richtung verschiebt (so werden die Becherschen Fördertürme erst in der seriellen Reproduktion zu Kunst, so wirkt die antike Ornamentation an der Neuen Staatsgalerie in einem Mischzusammenhang nicht mehr ernsthaft klassizistisch, so wird die Lüge über den Ballon letzten Endes zur Wahrheit). Diese Verschiebungen hängen ursächlich mit dem berühmt-berüchtigten „Ende der Geschichte" zusammen: Wenn alles nur eine ironische, leicht versetzte Wiederholung von etwas bereits Bekanntem ist, dann geht die „große" Geschichte – verstanden als ein radikaler, etappenmäßiger Bruch mit dem bereits Gewesenen – ebenfalls zu Ende. Dabei gibt es zwar noch jede Menge Restwerte, denn die Postmoderne ist kein Nihilismus, diese lassen sich aber nur noch nachträglich im Sinne der Nostalgie genießen – als verblasste Überbleibsel einer nicht mehr unmittelbar zu erlebenden Realität.

Schließlich bietet die Postmoderne als Kompensation für diese überaus nüchterne Einstellung zur Wirklichkeit reichhaltige Möglichkeiten der Simulation bzw. der endlosen Vervielfältigung von Simulakren – Zeichen, die auf andere Zeichen und nicht mehr direkt auf die Dingwelt hinweisen. Um den bekannten Spruch von Theodor W. Adorno auf den Kopf zu stellen, *gibt* es in der Postmoderne ein richtiges Leben im falschen. Mit dem Falschen muss man sich in der Postmoderne grundsätzlich arrangieren, weil sich das wenig übrig gebliebene Wahre ohne die Mitwirkung des Falschen nicht mehr erleben lässt – sie bedingen einander gegenseitig; die Erzählung „Der Ballon" führt dieses Prinzip eindrucksvoll vor. Insgesamt pendelt die Postmoderne somit zwischen erkenntniskritischer Desillusionierung und spielfreudiger Simulation, zwischen postideologischer Passivität (bedingt durch den Verzicht auf große ideologische Visionen) und der hyperkritischen, ironischen Unterwanderung der „großen Erzählungen" des Abendlandes.

Diese Merkmale der Postmodernität treten natürlich in verschiedenen Graden der Radikalität und Intensität auf, und sie lassen sich durch eine Reihe von Zusatzkriterien ergänzen – ich denke hier beispielsweise an gender-, medien- und ethik-bezogene Fragestellungen, die im Rahmen dieses kurzen Beitrags nicht vertiefend angesprochen werden können. Im Zeitraum zwischen etwa 1960 und Mitte der 90er Jahre begegnet man auch noch etlichen „nicht-mit-mir"-Haltungen und Überbleibseln modernistischer Kunst- und Erzählpraktiken. Wer aber die markantesten Kulturerscheinungen sowie die Gesamttendenz dieser Zeit zu bestimmen versucht, wird nicht umhin kommen, die Dominanz der oben genannten postmodernen Merkmale bei der Gestaltung von Kunstwerken, Literatur, Film, Architektur usw. anzuerkennen. Die schiere Vielfalt dieser Werke – die berüchtigte „Unübersichtlichkeit" der Postmoderne – darf jedoch nicht darüber hinwegtäuschen, dass sie bestimmte Grundhaltungen teilen, die nicht nur anders sind als jene der Moderne, sondern moderne Praktiken und Haltungen zitierend aufgreifen und gezielt ins Gegenteil verkehren. Die Postmoderne ist nicht die radikale Erweiterung der Moderne, wie es in Deutschland von Wolfgang Welsch und seinen Anhängern behauptet wird, sondern deren erkenntniskritisches Gegengift, das dafür sorgen will, dass sich die gewaltigen Fehlleistungen der Moderne nie mehr wiederholen.

Die Postmoderne hatte immer ihre Widersacher, aber diese vertraten meist sattsam bekannte Positionen (Marxismus, Hermeneutik, Strukturalismus, Realismus usw.), die keine kulturell lebendige oder konsensfähige Alternative zu bieten hatten. Erst Mitte der 90er Jahren beginnen sich Gegenpositionen herauszubilden, die nicht nur Kritik, sondern vor allem auch ästhetisch anziehende Erzähl- oder Stilstrategien aufbieten. Diese spürbar nicht-mehr-postmodernen Werke arbeiten zwar noch mit bestimmten Praktiken der Postmoderne, drehen diese aber in eine Richtung, die für die „klassische" Postmoderne mit ihren Desillusionierungs- und Ironisierungsstrategien nicht annehmbar wäre. Der unausgesprochene Schwerpunkt dieses Richtungsschwenks gegen die Postmoderne ist eine Ästhetik, die Zuschauer oder Leser – ob sie dies wollen oder nicht – mit formalen Mitteln in eine glaubende Haltung versetzt. Dies ist das glatte Gegenteil dessen, was die Postmoderne mit ihren ironischen Spielereien, mit ihrer Überproduktion von falschen Zeichen und mit ihren subversiven Kontextverschiebungen anstrebt.

Wie funktioniert diese ästhetisch erzwungene Glaubenshaltung? Man kann einen guten Eindruck davon gewinnen, indem man drei direkte Vergleiche neben jene Beispiele stellt, die zuvor angeführt wurden. Das erste Gegenstück ist das Kapitel „Lächeln" aus Ingo Schulzes viel besprochenem Wende-Roman *Simple Storys* aus dem Jahr 1998. „Lächeln" lehnt sich zunächst erkennbar an eine Erzählung des einflussreichen amerikanischen Schriftstellers Raymond Carver an („Tüten", aus der Sammlung *Wovon wir reden, wenn wir von Liebe reden*; englisches Original: „Sacks" in: *What We Talk about When When We Talk about Love*, 1981]). In beiden Erzählungen trifft ein Sohn auf einen Vater, der vor einiger Zeit die Familie verlassen hat. Der Vater macht vor dem Sohn ein ausführliches Geständnis, das seine Beweggründe rechtfertigt und gibt dem Sohn in beiden Fällen ein banales Geschenk – bei Carver eine Tüte voller Pralinen und bei Schulze ein Paar handgemachter Topflappen.

In „Lächeln" hat der Vater, der sich vor 24 Jahren aus der DDR in den Westen abgesetzt hatte, nur sporadischen Kontakt zur Familie und zu seinem Sohn Martin, dem er wiederum bei der Geburt dessen Sohnes sowie beim Tod dessen Frau jeweils 100-Mark Scheine zukommen lässt. Dazu noch ist der Vater Träger einer eigennützig wirkenden religiösen Botschaft, die er „wie für einen Vortrag präpariert" (105) kundgibt. Nach einem Schlaganfall, der bei ihm zu einer teilweisen Lähmung führt, ist er zum glühenden Anhänger einer ungenannten christlichen Sekte geworden. Der Witz bei der Sache besteht darin, dass er erst dann zur wahren Religiosität gelangt, als seine Frau mit einem Sektenprediger, der das Ehepaar zwecks Bekehrung aufsucht, durchbrennt:

> „So sind sie, dachte ich. Das steckt hinter der Frömmelei. So simpel ist die Welt. Ich war ein leidenschaftlicher Masochist. Aber –", sagte mein Vater und kniff die Augen zusammen, als lache er im Voraus über einen Witz, „weißt du was, mein Junge? Da erst begann mein Leben. Allein?

Eben nicht? Nie zuvor war mir Jesus Christus so nah wie in diesem Moment! Wer sind wir denn, daß wir uns an den Menschen stören, die uns die Botschaft überbringen? Wer sind wir denn?“ (109)

Diese paradoxe Wende im Leben des Vaters ist nicht nur eine religiöse, sondern auch eine soziale. Nach dem Schlaganfall und Weggang seiner Frau helfen ihm die „Brüder und Schwestern“ der Sekte, wieder zu einem eigenständigen Leben zu gelangen und die zwei Topflappen zu stricken, die beide mit einem achtzackigen Stern versehen sind. Der Sohn, der von der väterlichen Saulus-zu-Paulus-Geschichte zunächst wenig berührt zu sein scheint, hängt die Lappen neben seinem Herd auf, „so daß ich, wenn ich sie brauche, nur den Arm ausstrecken muß“. (111)

Soweit ist die Erzählung noch mit postmodernen Normen gut vereinbar. Die Geschichte selbst wiederholt mit leichter Verschiebung das Muster einer bereits vorhandenen Erzählung. Die religiöse Bekehrung des Vaters ist in erster Linie durch Zufall und Eigennutz bedingt, seine fromme Botschaft ist alles anders als ansteckend, und die väterliche Gabe an den Sohn ist trivial. Auch die Sprache der Erzählung bleibt lakonisch und ohne emotionalen Tiefgang. Doch die Begegnung mit dem Vater bewirkt tatsächlich eine Veränderung im Sohn – wenngleich nicht im Sinne einer religiösen Verwandlung. Dies vermerkt der Sohn auch am Anfang seiner Erzählung: „Ich würde sogar sagen, ich bin ein anderer Mensch geworden“. (101) Während des Gesprächs mit dem fromm gewordenen Vater wird der Sohn selbst plötzlich zu einem Geständnis bewegt: er habe seiner Frau den Tod gewünscht, und dieser sei dann tatsächlich eingetreten. Daraufhin spricht ihn der Vater von seiner Schuld frei („Wahrscheinlich hast du sie nicht richtig geliebt oder nicht lang genug“ [106]) und, um das Ritual zu vollenden, reicht er ihm einen Keks – eine Art Hostie –, den er gleich in den Mund legt und verzehrt. Auf diese Weise entsteht tatsächlich eine Art Ausgleich zwischen dem Vater und dem entfremdeten Sohn. Die geschenkten Topflappen, die beim Herd hängen und dem Sohn stets zuhanden sind, stehen nicht nur für die Anwesenheit des leiblichen Vaters, sondern auch für die Anwesenheit eines Gottesvaters, dessen versöhnende Wirkung zwar nicht erwiesen, aber auch nicht widerlegt wird.

Warum ist diese Erzählung nicht mehr postmodern? Entscheidend ist nicht die Wiederkehr des Tiefsinns, der psychologischen Einfühlsamkeit oder des religiös verbürgten Glaubens, denn nichts davon macht sich hier bemerkbar. Entscheidend ist vielmehr die formale Machart der Erzählung, die darauf ausgerichtet ist, uns an die Vater-Sohn-Versöhnung trotz deren erkennbarer Oberflächlichkeit glauben zu lassen. Anders gesagt: Das Schema der Erzählung, das uns normalerweise ironisch die Unmöglichkeit der Versöhnung zweier Menschen vorführen würde (dafür steht der luftentleerte Ballon am Ende von Barthelmes Erzählung), bietet uns hier das *Gelingen* einer solchen Annäherung, die hier durch die als zugleich banalen wie göttlich gekennzeichneten Topflappen angezeigt wird. Entscheidend ist weder für den Erzähler noch für den Leser die religiöse Botschaft, sondern die formal gelungene Tatsache der Versöhnung zweier entfremdeter Menschen durch eine Art spontan entstehender, gegenseitiger Beichte. Dabei handelt es sich nicht so sehr um eine inhaltliche als um eine performative Leistung, die *per formam* – durch die Form hindurch – zustande kommt. Die Ironie und Erkenntniskritik der Postmoderne sind zwar immer noch im Erzähltext angelegt, sie werden aber ausgeschaltet durch ein Ereignis, eine positive Veränderung im Zustand des Erzählers. Die im Titel zitierten Lächeln der Besucher des Cafés, wo Vater und Sohn sich treffen, sind daher nicht ironisch zu deuten. Der Ausgang der Geschichte baut den Erzähler letzten Endes auf, anstatt ihn – wie in „Der Ballon" – zu einem kleinen Haufen zusammenschrumpfen zu lassen. Dieses Muster – die Beschwörung einer ironieträchtigen Situation, die dann doch lebensaffirmierend ausfällt –, ist typisch für sehr viele Erzählungen, die um die Jahrtausendwende und danach entstehen. Weil zu dieser Zeit vergleichbare performative Setzungen auch in anderen Medien (Film, bildender Kunst, Fotografie, Drama, Architektur) auftreten, habe ich diese nicht mehr postmoderne Entwicklung „Performatismus" genannt und deren Grundzüge systematisch zu erfassen versucht.

Wie der Performatismus in einem visuellen Kontext funktioniert, lässt sich am Beispiel eines Werks des weltbekannten deutschen Fotografen Andreas Gursky zeigen. Gursky, der zunächst als braver Becher-Schüler anfing (er fotografierte triste Landschaften oder starre, räumlich eingeschlossene Menschengruppen), begann Anfang der 90er Jahre Fotos anzufertigen, die mit den anti-ästhetischen Normen der postmodernen Fotografie entschieden brachen. Dabei ging es Gursky nicht darum, die Praktiken der

Moderne wieder aufzuwärmen. Bei den großen Fotografen der klassischen Moderne kam es darauf an, die Schönheit der Welt entweder durch Verfremdung (Verkantung der Kamera, ungewöhnliche Perspektiven) oder durch technisches Können (Gebrauch des Zonensystems, spezielle Dunkelkammertechniken) freizulegen. Exemplarisch für die erste der beiden Richtungen stehen Fotografen wie Alexander Rodtschenko oder Andreas Feininger, für zweitere Edward Weston oder Anselm Adams. Gurskys Farbbilder sind auch im konventionellen Sinne als schön zu betrachten – sie sind gekennzeichnet durch bunte, lebendig wirkende Muster und anziehende, streng durchdachte Kompositionen. Entscheidend bei Gursky ist jedoch das, was ich eine gottesähnliche oder „theistische" Perspektive nenne. Gurskys Bilder sind zunächst extrem groß – ein eher kleines Format bei ihm misst zwei mal drei Meter – und zwingen dem Betrachter zwei wechselnde Perspektiven auf: eine aus der Distanz, welche die Gesamtheit der Bildfläche erfasst, und eine aus der Nähe, wobei der Betrachter Bezüge zwischen den unzähligen bunten Details herzustellen versucht. Eine weitere Eigenart seiner Bilder besteht in der digitalen Nacharbeitung. Dies geschieht zum Teil unmerklich, wenn zum Beispiel in *Rhein II* (1999) eine Fabrik am Rheinufer digital gelöscht wird (Abb. 4), zum Teil aber auch sehr deutlich, wie z. B. in *Bahrain I* (2005), wenn eine Formel 1-Rennbahn zu einem unbefahrbaren Labyrinth mutiert. Sehr stark spürbar ist jedenfalls die konstruierende, „göttliche" Perspektive des Fotografen (Gursky selbst spricht hier von einer „außerplanetarischen Perspektive"). Der Fotograf verfügt nicht nur über die Fähigkeit, die Welt in extremer, erhabener Größe und mit all ihren schönen Einzelheiten zu reproduzieren, sondern auch in jene Welt konstruierend einzugreifen. Ein gutes Beispiel liefert das bereits erwähnte *Rhein II*. Das Foto, das 1,85 x 3,63 m misst, zeigt das, was zunächst wie ein trübes Becher-Panorama in Farbe anmutet: Es sind insgesamt sechs parallele Streifen, die das grüne, nahe Ufer des Rheins, einen asphaltierten Weg, den silbernen Streifen des Rheins selbst, das ferne Ufer des Rheins und schließlich einen grauen, matten Horizont darstellen. Der Mangel an räumlicher Tiefendimension lässt das Naturbild gleichzeitig wie ein abstraktes Gemälde aussehen. Wie bei den meisten Bildern von Gursky wechselt man als Zuschauer zwischen einem erhabenen, quasigöttlichen Fernblick auf das Ganze und einem spezifisch menschlichen Interesse an den schönen, sinnlichen Details der einzelnen Streifen.

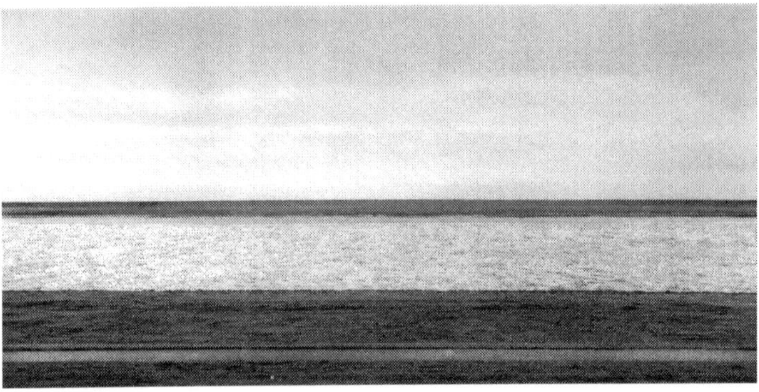

Abb. 4

Das Foto pendelt zwischen Abstraktion und Repräsentation, zwischen Künstlichkeit und Wiedergabe der Naturschönheit, zwischen dem Schönen und dem Erhabenen. Das, was wir erleben, ist gewissermaßen die *Struktur des Glaubens* selbst, also das dynamische Zusammenspiel einer menschlichen und einer übermenschlichen Position. Dies steht in krassem Gegensatz zum Werk der Bechers, das jegliche Naturschönheit durch die mechanistische, wenig künstlerische Art der Aufnahme unterdrückt. Dabei nehmen die beiden Fotografen jeweils eine betont „diesseitige" Position ein, und zwar durch die seriellen, kleinformatigen Aufnahmen, die stets aus einer ähnlichen Bodenperspektive erfolgen. (Eine kleinere Pointe besteht zudem darin, dass Gursky gerade jene Art von Fabrik aus seinem Bild löscht, die im Mittelpunkt der Becher-Bilder stehen würde.) Gurskys Bild zwingt uns förmlich dazu, an eine ganzheitliche, kunst- und naturschöne Welt samt deren Details zu *glauben*. Die Arbeiten der Bechers zwingen uns hingegen, eine unschöne Welt durch Herausarbeitung der Differenzen in den Baudetails konzeptuell zu erschließen. Die ästhetische Restwirkung der Becher-Bilder ist ironisch: Sie erfolgt trotzt der Absicht der Fotografen, möglichst unästhetisch vorzugehen. Gurskys Bild dagegen ist in seinem Grundgestus ästhetisch affirmierend. Weltliche Schönheit und eine höhere Perspektive schließen einander nicht aus, sondern ergänzen sich gegenseitig, und diese dynamische Einheit überträgt sich direkt auf den Zuschauer (er kann sich dieser jedenfalls nicht formal entziehen). Dass Gurskys Welt auch die Möglichkeit des digitalen Betrugs enthält, tut dieser Weltbejahung keinen Abbruch, denn die Struktur des Glaubens schließt Zweifel immer bereits mit ein. Dennoch wirken Gurskys Bilder immer etwas weltentrückt, weil in ihnen Menschen entweder nicht vorkommen, oder wenn, dann nur als Typen und nicht als Individuen (vgl. seine Bilder der vietnamesischen Korbflechter [*Nha Trang*, 2004] oder der Börsenmakler in *Kuwait Stock Exchange* [2007]). Nicht umsonst wird er häufig zum Dokumentaristen der Globalisierung erklärt, also jener ökonomischen Gesamtentwicklung, in der der Mensch häufig zu kurz kommt. Gurskys Bilder üben keine ätzende Kritik an diesem Zustand aus, aber sie zwingen uns, sowohl die Faszination als auch die Bedrohung zu erleben, die von der Globalisierung ausgehen. Dies erfolgt weniger konzeptuell als im Modus der Anschauung, also durch eine unmittelbar erfahrbare ästhetische oder sensorische Einwirkung.

In Gurskys Fotos kommt eine transzendente Perspektive „von oben" zur Geltung. Diese künstlerische Ausrichtung auf Transzendenz wird in der performatistischen Architektur durch die Inszenierung von Form, Volumen und Fläche verstärkt.

Ausgangspunkt ist das, was ich einen *ornamentalen oder transzendenten Funktionalismus* nenne. Gemeint ist, dass diese neue, nicht mehr postmoderne Architektur scheinbar funktionale Formelemente der Moderne aufgreift – in der Regel sind es strenge geometrische Formen wie Vierecke, Dreiecke, Ellipsen, Kreise, Würfel usw. – und diese betont funktional unsinnig oder rein ornamental einsetzt. Dies bedeutet, dass man gleichzeitig gegen das strenge „Form-folgt-Funktion"-Dogma der Moderne *und* gegen den stilistischen Eklektizismus der Postmoderne verstößt. Ziel dieser Verstöße ist nicht die ironische Relativierung verschiedener Stilrichtungen, sondern die Inszenierung eines Transzendenzstrebens, das mit der Überwindung der Materialität selbst spielt. So wird schwerer Baustoff durchsichtig, beweglich, bedrohlich, zeigend, einrahmend, zentrierend. Er scheint die Überwindung der eigenen Schwere und Bewegungslosigkeit anzustreben bzw. einem eigenen, unsichtbaren Ordnungsimperativ zu folgen, den ich „theistisch" nenne. Es ist, als ob der Bauplan von einem unsichtbaren, gottähnlichen Architekten stamme, der allerdings durchaus menschliche, fehlbare Züge aufweist.

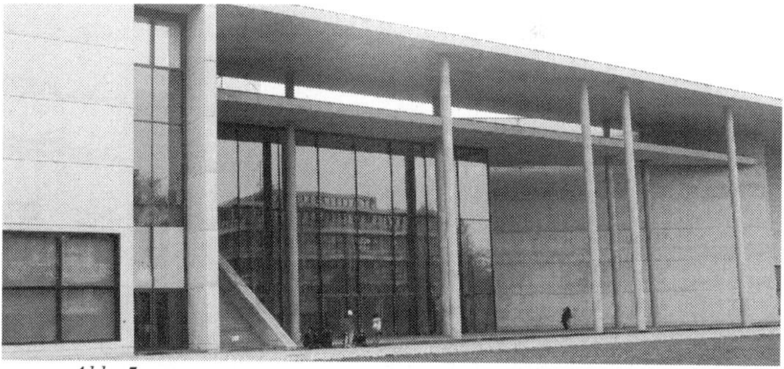

Abb. 5

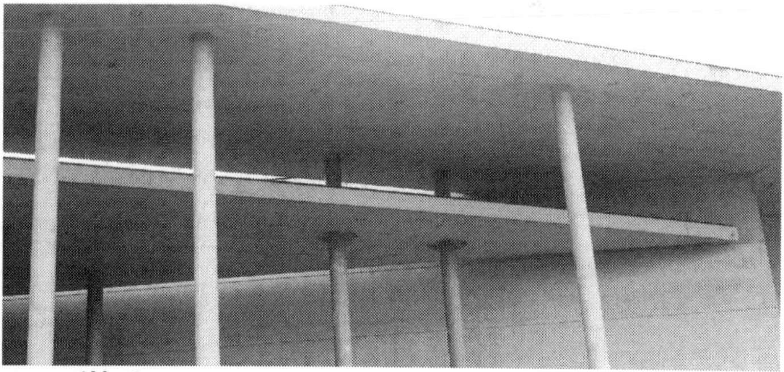

Abb. 6

Die Grundzüge dieses transzendenten Strebens lassen sich an Stefan Braunfels' 2002 errichteter Pinakothek der Moderne in München gut veranschaulichen. Die Fassade des Gebäudes (Abb. 5) besteht aus strengen, modernistisch wirkenden Formen, die jedoch bei genauer Betrachtung keine erkennbare Funktion aufweisen. Die merkwürdig dünnen Säulen stehen in unregelmäßigen, beliebigen Abständen zueinander, wobei sie scheinbar ohne eine tragende Funktion ein überflüssiges, in der Luft schwebendes Zwischendach durchdringen, das zudem eine räumlich verschwenderische Dreieckform annimmt (Abb. 6). Bemerkenswert ist auch der Spalt zwischen den zwei Dächern. Dieser verweist auf die Unvollkommenheit des ansonsten streng durchdachten Konstrukts, lässt den Blick auf den freien Himmel zu – und hat sonst keine erkennbare Funktion. Der Gesamteffekt ist der einer streng funktionalen Ordnung, deren bestimmende Regeln oder Prinzipien jenseits unserer unmittelbaren Erkenntnis liegen, und zwar in einer höheren Welt, die durch den Architekten unvollkommen vermittelt wird. Wir können selbst – quasi durch den Dachspalt – einen Blick auf diese höhere Welt werfen, aber wir können sie nicht näher verstehen oder gar ergründen. Auch hier wird die Struktur des Glaubens durchgespielt. Wir werden gezwungen, durch „sinnlose" architektonische Formen an das Wirken einer höheren Instanz zu glauben, deren Absichten wir nicht mit rationalen Mitteln erfassen können.

Dieses architektonische Transzendenzstreben ergibt sich nicht aus einem bestimmten Glaubensansatz, sondern aus dem Bestreben des neuen Stils, sich sowohl vom modernen

Funktionalismus als auch vom zitierfreudigen Eklektizismus der Postmoderne abzusetzen. Zwar könnte man vielleicht immer noch behaupten, dieser Stil sei in seiner spielerischen Geste postmodern. Allerdings wäre die Bestimmung einer solchen Postmoderne in der Tat völlig beliebig. Man hätte es mit einer Postmoderne zu tun, die plötzlich vom eklektizistischen Zitieren der verschiedensten Stilrichtungen auf den Einsatz stilistisch einheitlich wirkender geometrischer Formen umgeschwenkt hätte. Doch geht es hier vielmehr um die Inszenierung von Einheit und Transzendenz – also um einen Gestus, der für die Postmoderne keinesfalls annehmbar ist.

Glaube, Kultur und Performatismus

Die oben skizzierten Beispiele sind Teil einer gesamtkulturellen, epochalen Wende, deren Details in den folgenden Kapiteln näher erläutert werden. Das Hauptmerkmal dieser neuen Epoche lässt sich zunächst folgendermaßen auf den Punkt bringen: Es wird dabei der Versuch unternommen, durch formale ästhetische Mittel Zuschauer, Leser oder Beobachter zu zwingen, an etwas (zunächst nicht näher Bestimmbares) zu glauben. Dieser Glaube hat keinen im Voraus benennbaren Inhalt und ist nicht in erster Linie religiös zu verstehen. Vielmehr wird er durch ästhetische Verfahren erzeugt, die verbindliche Vertrauensverhältnisse zwischen zwei Menschen stiften, die uns Einheit (vor allem zwischen Kultur und Natur) erfahren lassen, und die eine nicht rational verständliche, transzendente oder „göttliche" Ordnung intuitiv – also eher über die Sinne als über den Verstand – vermitteln. Diese Ästhetik ist wohlgemerkt kein naiver Vermittler von Glückseligkeit oder Hoffnung. Grund dafür ist unsere durchgehend säkulare Befindlichkeit, die allen kulturellen Erscheinungen mit grundsätzlicher Skepsis und mit ironischer Distanz begegnet; dies geschieht umso intensiver durch die Einwirkung der Postmoderne. Aufgrund dieser Skepsis können wir nicht mehr von einer über alle Zweifel erhabenen Glaubensquelle einfach angesprochen werden. Vielmehr müssen wir gewissermaßen „hereingelegt" werden, damit wir uns in eine glaubende Haltung begeben. Dies kann nur durch formale, ästhetische vermittelte „Tricks" geschehen, d. h. anhand von künstlerischen Mitteln, die uns kaum eine andere Wahl lassen, als an ein bestimmtes Etwas in einem Werk zu glauben. Diese Paradoxie – dass Glauben nur künstlich, durch formale Finten zustande kommt – verleiht der neuen Entwicklung ihre ästhetische und auch ethische Eigenart. Das auf diese Weise erreichte Glaubensmoment schaltet den kritischen Verstand und die ironische Skepsis der Postmoderne nicht völlig aus, doch sie zwingt diese, in den Hintergrund zu treten. Rein rational würden wir niemals auf die Idee kommen, geschweige denn glauben, dass die Topflappen in „Lächeln" göttlichen Ursprungs sind, wir werden angesichts der äußerlichen Perfektion der Landschaft in *Rhein II* skeptisch bleiben und wir können die kuriose architektonische Ordnung der Pinakothek der Moderne nach wie vor als bloße Spielerei von der Hand weisen. Dennoch können wir uns nur schwerlich dem formalen Zwang entziehen, der von diesen Werken ausgeht und uns Eigenschaften wie Versöhnung, Schönheit, Einheit oder Erhabenheit vermittelt.

Während sich die charakteristischen Formen und Grundzüge dieser neuen Entwicklung einigermaßen klar beschreiben lassen, ist es sehr viel schwieriger zu begründen, warum es zu dieser Wende gekommen ist. Im Vordergrund steht sicherlich ein Überdruss angesichts der ironischen Verfahren und erkenntniskritischen Strategien der Postmoderne, die uns inzwischen allzu vertraut erscheinen und folglich nicht mehr wirksam sind. Wann genau dieser Überdruss einsetzt, lässt sich nicht an einem konkreten Datum oder Werk festmachen. Grob gesagt, scheint sich die Gegenbewegung zur Postmoderne Mitte bis Ende der 90er Jahre herauskristallisiert zu haben, markiert etwa durch die dänischen Dogme-95 Filme (Dogme #1, *Das Fest*, 1998), durch literarische Werke wie Schulzes *Simple Storys* (1998) oder David Foster Wallaces *Unendlicher Spaß* (amerikanisches Original: *Infinite Jest*, 1996), durch die Fotografien von Andreas Gursky und Thomas Demand (Anfang der 90er Jahre) oder durch Bauten wie das Paul-Löbe-Haus (Stefan Braunfels, Entwurf 1994) oder das Krematorium im Berliner Baumschulenweg (Axel Schultes und Charlotte Frank, Entwurf 1996).

Epochenwechsel dieser Art gehen stets Hand in Hand mit gesellschaftlichen Veränderungen. Dennoch ist es schwer zu sagen, wie das kulturell erzeugte Selbstbild einer Gesellschaft und deren sozio-ökonomische Wirklichkeit kausal zusammenhängen. Denn diese „Wirklichkeit" ist häufig überhaupt erst mittels der kulturellen Selbstbespiegelung zugänglich, die wiederum dringende soziale Probleme zum Anlass nimmt, neue künstlerische Strategien zu entwickeln und auszuprobieren.

Zwei Faktoren, die als treibende Kraft hinter der neuen kulturellen Entwicklung infrage kommen, sind Globalisierung und Digitalisierung. Der Zusammenbruch des Kommunismus um 1990 herum und der schnelle Einzug des Kapitalismus in das damalige Osteuropa schufen eine Situation, in der klassisches Lagerdenken faktisch nicht mehr möglich war, schlicht, weil es keine Lager mehr gab. Auf diese Situation konnte man natürlich zunächst noch mit der kritischen Ironie der Postmoderne reagieren; dies tat man auch eine ganze Zeit lang sowohl im Osten als auch im Westen. Allerdings begannen sich zwei neue Haltungen herauszukristallisieren, mit denen man der neuen Situation begegnete. Man begann nach positiver Wertbildung im Kleinen zu suchen (meist mit Zweierbeziehungen jeglicher Art als Grundbaustein). Dies sieht man bei Ingo Schulze, aber auch bei einer Vielzahl von Schriftstellern und Filmemachern der späten 90er Jahre und danach. Dadurch entstehen kleinere, abgeschlossene soziale Freiräume oder „Blasen", wie der Philosoph Peter Sloterdijk dies 1998 in einem gleichnamigen Buch ausdrücken wird. Umgekehrt beginnt man damit, die Globalisierung als Gesamtphänomen zu thematisieren. Dies geschieht eben nicht länger aus dem ironischen, endlosen Regress der postmodernen Ideologiekritik mitsamt ihrer typischen Anti-Ästhetik heraus, sondern durch Darstellungen aus der Höhenperspektive wie bei Gursky, die sowohl das Anziehende als auch das Bedrohliche an der Globalisierung festhalten (Sloterdijk spricht hier von „Sphären" oder „Globen"). Schließlich hat der Fall der Mauer in Deutschland ganz konkret zu einer massiven Verschiebung im Architekturstil geführt. Das neu entstandene Berliner Regierungsviertel und sämtliche Neubauten in Berlin nach dem Mauerfall (Potsdamer Platz, Botschaftsviertel usw.) haben architektonisch mehr mit der performatistischen Pinakothek der Moderne als mit der postmodernen Neuen Staatsgalerie in Stuttgart gemeinsam. Offenbar wollte man angesichts der schlagartig neuen Situation neue architektonische Akzente setzen, die nicht bloß Bekanntes zitieren, sondern Transzendentes stillschweigend vermitteln.

Dagegen spielt die für die zwischenmenschliche Kommunikation und für die Popkultur enorm wichtige Digitalisierung eine weniger ausschlaggebende Rolle in der Hochkultur, um die es hier hauptsächlich geht. Zwar ermöglichen die sozialen Medien und digitale Technik (Facebook, YouTube, Blogs, Handy-Apps, Skype usw.) durch ihre weltumspannende Struktur und sofortige Verfügbarkeit eine gleichzeitig globale oder „göttliche" und eine unmittelbare oder „menschliche" Perspektive, die der Wirkungsweise des Performatismus formal entspricht. Ob sie aber die grundlegenden Mechanismen der Hochkultur wirklich nachhaltig verändern, bleibt aus meiner Sicht zweifelhaft. Filme, Literatur, Fotografien und selbst interaktive Videospiele werden von hochprofessionellen Kulturträgern produziert, sind rechtlich geschützt und können von Konsumenten nicht beliebig verändert oder beeinflusst werden. Spontan erzeugte, digitalisierte Werke von Amateuren können mit diesen Produkten in der Regel nicht mithalten. Seriöse Romane in Twitter-Form, viral gewordene Blogs und millionenfach angeklickte YouTube-Beiträge sind die Ausnahmen, die die Regel eher bestätigen. Der Digitalisierung kommt zugegebenermaßen eine wichtige technische Funktion in Film, Fotografie und Architektur zu und spielt somit als Thema natürlich immer wieder eine zentrale Rolle. Sie ist aber dezidiert nicht die treibende Kraft hinter der performatistischen Wende. Kultur wird in erster Linie von Menschen und nicht von Medien gemacht, die mal so oder mal so eingesetzt werden können.

Insgesamt lässt sich der Performatismus soziokulturell als eine spezifische Reaktion auf den globalen Durchmarsch des Kapitalismus verstehen. Während sich die Moderne noch nach der utopischen Überwindung des Kapitalismus sehnte (und den Kommunismus und Nationalsozialismus hervorbrachte), versuchte die Postmoderne den Widerstand gegen den Kapitalismus von der Peripherie aus zu fördern (daher der Fokus auf die ausgegrenzten Anderen in der Dritten Welt), oder aber als ironisches Spiel mit der Konsumkultur zu inszenieren. Erstere Art von Kritik verlor allerdings durch die Globalisierung die vermeintlich letzte Quelle des Widerstandes und Letztere wurde durch die unaufhörliche Wiederholung stumpf. Heute spricht niemand mehr von einer „Dritten Welt", die sich dem Kapitalismus irgendwie entwinden könnte, und die ironische Aneignung kapitalistischer Konsumobjekte und -werte ist zum faden und vorhersehbaren Spiel verkommen. Infolge des globalen Siegeszuges des Kapitalismus kommt es daher zu anderen Arten des Widerstandes oder Sich-Abfindens mit diesem Zustand. So bilden sich jetzt im Inneren des globalen Kapitalismus abgekapselte Freiräume, von denen aus man eigene Identität oder eigene

Werte zu stiften versucht. Der getrennte, aber über sich selbst hinausstrebende performatistische Mensch ist der kulturelle Ausdruck dieses Widerstandes, der mit anderen zusammen eine positive Wertbildung im Kleinen intuitiv eingeht (Vater und Sohn in „Lächeln" bilden ein solches Paar). Darüber hinaus sucht man auf politischer Ebene nach umfassenden Glaubenskonzepten, die ganze Nationen zusammenbringen. Das politische Programm des amerikanischen Präsidenten Barack Obamas aus dem Jahr 2008, das links und rechts erfolglos zusammenzuführen versuchte, oder das eher bedenkliche Aufleben nationalistischer Programme in verschiedenen west- und osteuropäischen Ländern sind Beispiele glaubensgesteuerter politischer Bewegungen, die auf die Globalisierung reagieren. Die Diskussion solcher politischen Tendenzen, deren Entwicklung keineswegs abgeschlossen ist und deren Folgen für die Kultur noch weitgehend offen sind, geht allerdings weit über den Rahmen dieser Abhandlung hinaus.

Es bleibt jedoch eine grundsätzliche Frage bestehen, nämlich: „Warum diese Wende hin zu ästhetisch vermitteltem Glauben?" Diese Entwicklung wird verständlicher, wenn man Glaube nicht institutionell oder metaphysisch, sondern vielmehr kulturanthropologisch versteht, als eine im Menschen verankerte Grundeigenschaft, die ermöglicht, dass gesellschaftliches Leben überhaupt zustande kommt. Glaube ist somit nicht nur eine Sache des Individuums oder der Kirche, sondern notwendig, damit eine Gesellschaft überhaupt funktioniert. Dies gilt im Übrigen auch für säkulare Gesellschaften wie die unsere, in denen Religion nicht mehr eine bestimmende Rolle spielt.

Die Vorstellung, dass Glaube (bzw. Religion) eine tragende soziale Funktion auch in säkularen Gesellschaften hat, geht auf den französischen Soziologen Emile Durkheim (1858-1917) zurück. Vertreter dieser Ansicht in jüngster Zeit sind der französische Literatur- und Kulturtheoretiker René Girard (1923-2015) sowie der amerikanische Kulturtheoretiker Eric Gans (geb. 1941). Dabei ist die sogenannte Generative Anthropologie, die von Gans entwickelt wurde, für das Verständnis des Performatismus grundlegend. Girard und Gans gehen davon aus, dass Mimesis bzw. Nachahmung das menschliche Verhalten maßgeblich bestimmt. Nachahmung bringt aber nicht nur Vorteile, sondern auch ernsthafte Probleme mit sich. Wenn man zum Beispiel das Besitzverhalten eines anderen nachahmt, kommt es unweigerlich zum Streit. Hat jemand anders etwas, was ich nicht habe, und versuche ich, ihm dieses Ding zu entreißen, kommt es unweigerlich zu einem Akt der Gewalt. Dieser Gewaltakt ist selbst in hohem Maße „ansteckend" – er wird von anderen nachgeahmt und breitet sich auf eine ganze Gemeinschaft aus. Girard behauptet, dieser ansteckende, spiralartig wachsende Ausbruch der Gewalt könne nur dadurch aufgehalten werden, dass man jemanden anderen – einen Sündenbock also – opfere. Dabei erlangt der erschlagene Sündenbock einen kuriosen Status in der Gemeinschaft. Einerseits ist er an der Gewalt schuld und verachtungswürdig, andererseits aber nimmt er göttliche oder sakrale Qualitäten an, weil sein Tod die Gemeinschaft von der Gewalt – wenn auch zumindest vorläufig – erlöst. Die Beförderung des Sündenbocks ins Jenseits (der französische Ausdruck dafür ist *bouc émissaire*, also der „hinausgeschickte Bock“) macht diesen zum Gott oder Quasi-Gott – zumindest solange, bis die nächste Runde der Gewalt anbricht. Girard, der dieses Muster bei allen Kulturgründungen belegen zu können glaubt, erweist sich jedoch selbst als Apologet für die katholische Kirche. So sei Jesus Christus das ultimative Opfer, das alle weiteren unnötig mache. Abgesehen davon, dass die Geschichte der römisch-katholischen Kirche bekanntermaßen nicht unbedingt gewaltfrei verlaufen ist, erklärt Girards Modell den geschichtlichen Vorgang der Säkularisierung nicht. Denn diese schlichtet Streit nicht durch Opferungen oder Riten, die an die ursprünglichen Opfervorgänge erinnern, sondern durch Gesetze, durch institutionelle Kontrollen, durch die demokratische Verteilung von knappen Ressourcen und dergleichen. Die neuere Geschichte unserer Kultur ist geradezu die Geschichte der institutionellen (und nicht rituellen) Verdrängung von direkt erlebten Rache-Gelüsten.

Eric Gans’ Generative Anthropologie (die er 1978 zu entwickeln begann und 1985 in seinem Buch *The End of Culture* an die Öffentlichkeit brachte), schreibt Girards Thesen derart um, dass beim mimetischen Ur-Streit ein sprachliches Zeichen das Opfer ersetzt. Gans entwirft eine hypothetische Situation, in der zwei sprachlose Urmenschen um den Besitz eines Gegenstandes in Streit geraten. Wenn der erste Urmensch jedoch – statt gewalttätig zu werden – ein Zeichen von sich gibt, das klar macht, dass er auf Gewalt verzichten möchte, und wenn der zweite

Urmensch dieses Zeichen spontan annimmt, dann entsteht eine Situation, in der der Streit aufgeschoben wird. Anstelle des Opfers wird das Zeichen geheiligt (in allen primitiven Kulturen und weit darüber hinaus gibt es solche „verbotenen", heiligen Worte). Dadurch erfolgt die für alle Kulturen gültige Trennung zwischen dem profanen, alltäglichen und dem sakralen oder kultischen Bereich. Wichtig in unserem Zusammenhang ist, dass diese Art von Urzeichen als eine performative Einheit wirkt. Das Urzeichen hat keine Bedeutung im üblichen Sinne, sondern entfaltet eine Kraft, die Streit schlichtet und Gewalt aufschiebt – es *tut* etwas, indem es eine Situation schafft, in der zwei Menschen sich (vorläufig) versöhnen. Allerdings ist diese Versöhnung keineswegs endgültig, denn der Streit wird nicht aufgehoben, sondern lediglich aufgeschoben. Hier entstehen Ressentiments, die in der endlosen Erweiterung der ursprünglichen Zeichensetzung aufgearbeitet werden müssen. Dabei hat das ostensive Urzeichen drei Modalitäten: (a) eine sakrale, (b) eine ökonomische bzw. politische und (c) eine ästhetische. Im sakralen Modus erzeugt das fleischliche, weltliche Ding Ressentiments, denn es blockiert unseren Zugang zum heiligen Zeichen. Im ökonomischen Modus ist es wiederum das Zeichen, das unseren Zugang zum Ding blockiert, denn es täuscht darüber hinweg, dass es nicht genug von dem Ding zu verteilen gibt – ein Zustand, der unumgänglich Ressentiments hervorruft. Im ästhetischen Modus dagegen herrscht ein desinteressierter Abstand, der unsere Aufmerksamkeit zwischen Zeichen und Ding in einem fort oszillieren lässt. In einem solchen Fall genießen wir die Darstellung von etwas Dinglichem durch ein Zeichen, ohne direkt Wert daraus schlagen zu können. Dieses Oszillieren zwischen Zeichen und Ding schafft einen Freiraum, der zwar den Grundkonflikt nicht löst, der aber vorübergehend weltliche Streitereien in den Hintergrund treten lässt.

Das Urzeichen wird von Gans ein ostensives Zeichen genannt, weil es auf etwas unmittelbar Gegenwärtiges verweist (ostensiv bedeutet „zeigend" oder „anschaulich machend"). Die Emission oder „Hinaussendung" des ostensiven Zeichens hat ähnliche weit reichende Folgen wie bei Girards Opfer-Erschlagung: Es begründet Kultur, Religion und Kunst und ermöglicht die Entwicklung komplexerer sprachlichen und gesellschaftlichen Strukturen. Dabei wird klar, dass die grundlegende Funktion der Sprache nicht Täuschung ist, sondern Versöhnung, und dass diese Versöhnung immer eine sakrale „Aufladung" hat, auch wenn sich dies nicht in institutionalisierter religiöser Form äußert. Anders ausgedrückt: die Sprache (bzw. das ostensive Zeichen) rettet vor Gewalt, und diese Aussicht auf Erlösung von irdischem Streit hat stets einen sakralen oder quasireligiösen Charakter. Dies gilt insbesondere für moderne Gesellschaften, in denen religiöse Riten und Institutionen unser Zusammenleben nicht mehr umfassend bestimmen.

Wie hängt dieses hypothetische Modell nun mit dem Performatismus zusammen? Zunächst einmal geht es nicht darum, ob Gans' Modell die menschliche Kulturgründung erschöpfend erklärt, wie Gans behauptet. Vielmehr scheint sein Zeichenmodell die sprachliche und ethische Situation treffend zu erfassen, die gerade nach dem Ende der Postmoderne aufkommt. In dieser Situation trifft man immer wieder auf fiktive Charaktere, die sich durch die Setzung eines einfachen, einheitlichen Zeichens versöhnen lassen. Dabei erfolgt diese Versöhnung spontan oder intuitiv, d. h. in der Manier der von Gans beschriebenen Urszene, und die Versöhnung trägt häufig (wenngleich nicht immer) sakrale Züge oder Nuancen. Dies ist beispielsweise der Fall in „Lächeln": Die mit einem achtzackigen Stern versehenen Topflappen lassen – zumindest vorübergehend und auf niedrigem Niveau – eine performative Einheit zwischen Vater und Sohn entstehen. Auf der visuellen Ebene lässt sich etwas Ähnliches beobachten. In Gurskys *Rhein II* oszilliert unsere Aufmerksamkeit aufgrund der kuriosen Vollkommenheit der abgebildeten Szene zwischen der Künstlichkeit der Darstellung und unserem Interesse am dargestellten Objekt; Natur und Kultur fallen in eine Einheit zusammen. Auch am Beispiel der Pinakothek der Moderne begegnet man einer merkwürdigen Einheit von Funktionalität und Ornamentierung, die „nicht von dieser Welt" zu sein scheint. Hier wird man mit erzähltechnischen und visuellen Mitteln dazu gezwungen, an eine Einheit zu glauben, die rational nicht erklärbar ist – und daher formal transzendenzverdächtig. Es handelt sich in allen drei Fällen um Performanzen, die ein Einheits- und Transzendenzgefühl erzwingen, auch wenn man die Bedingungen dafür immer noch kritisch hinterfragen kann. In allen Fällen überwiegt aber eine spezifische ästhetische Erfahrung (der Schönheit, der Einheit, des Ausgleichs, der Transzendenz usw.), die die ätzende Erkenntniskritik der Postmoderne zu verdrängen imstande ist. Diese spezifische Art von ästhetischer Erfahrung nenne ich *performatistisch*. In den folgenden Kapiteln wird es darum gehen, diese Ästhetik in Bezug auf Literatur, Film, Fotografie, Architektur und Philosophie näher zu beschreiben.

Quellen

Barthelme, Donald. „Der Ballon", in: *Unsägliche Praktiken, unnatürliche Akten*. Frankfurt am Main 1969 [1964]; englisches Original: „The Balloon", in: *Sixty Stories*, New York 1982.

Eshelman, Raoul. *Performatism, or the End of Postmodernism*. Aurora 2008.

Gans, Eric. *The Origin of Language: A Formal Theory of Representation*. Berkeley 1981.

Gans, Eric. *The End of Culture: Toward a Generative Anthropology*. Berkeley 1985.

Gans, Eric. *Originary Thinking: Elements of Generative Anthropology*. Stanford 1993.

Gans, Eric. *Signs of Paradox: Irony, Resentment, and Other Mimetic Structures*. Stanford 1997.

Gursky, Andreas. "I generally let things develop slowly…," in *Andreas Gursky. Fotografien 1984-1988*, Toby Alleyne-Gee (Hg.). Ostfildern 1988, IX.

Schulze, Ingo. *Simple Storys. Ein Roman aus der ostdeutschen Provinz*. Berlin 1998. 5. Auflage.

Kapitel 2

Performatistisches Erzählen

Warum identifizieren wir uns mit oder glauben sogar an bestimmte Personen in Literatur und Film? Im Unterschied zur realen Welt haben wir keine Möglichkeit, Angaben über handelnde Personen empirisch zu überprüfen (denn schließlich sind die meisten „Tatsachen" in solchen Werken frei erfunden). Dafür setzen erzählende Werke bestimmte Signale, die es uns ermöglichen, uns mit Charakteren zu identifizieren. Diese Signale sind sehr vielfältig. Hierbei brauchen Charaktere zudem nicht immer positiv aufzutreten (im Grunde können sie auch Verbrecher sein oder zweifelhafte Ziele verfolgen). So kann man sich auch dann unwillkürlich mit Charakteren identifizieren, wenn man nur lange genug Einblick in ihre innere Gedankenwelt erhält oder wenn sie in Situationen versetzt werden, die sie in einer positiven Art und Weise herausfordern. Selbst das Scheitern eines negativ gezeichneten Charakters kann Identifikation auslösen, weil man sich im Verlauf eines Erzählwerks weniger vom Inhalt als vielmehr von Handlungsweise der Figur angezogen fühlt. Oft geschieht dies unterschwellig, durch die Setzung bestimmter Details oder die Gewährung bestimmter Informationen, zu denen die Charaktere selbst keinen Zugang haben.

Nach diesem Muster funktionieren vermutlich die meisten Erzählwerke; dies gilt insbesondere für die realistische Literatur des 19. Jahrhunderts, aber natürlich auch für viele andere Werke davor und danach, und es gilt wohl auch für die meisten Filme des Erzählkinos. Dabei gibt es auch Erzählwerke, die gerade diese Identifikationsstiftung ganz bewusst unterlaufen. In solchen Fällen wird der Identifikationsvorgang mithilfe der oben beschriebenen Mittel aufgebaut, um dann jedoch bewusst enttäuscht zu werden. Dies geschieht häufig dadurch, dass man Erzählungen als Zwickmühlen, Teufelskreise, Sackgassen u. Ä. konstruiert. Egal wie stark wir uns mit einer bestimmten handelnden Person identifizieren, wird diese Identifikation letztlich zunichte gemacht, weil sich die Handlungen dieser Person als unsinnig, zirkulär oder nutzlos erweisen. Sehr häufig geschieht dies dadurch, dass die Erzählweise selbst die eigentliche Entfaltung der Handlung stört oder gar bewusst sabotiert. Erzählwerke, die diese Art von Identifikationssabotage betreiben, gehören sehr häufig zur Postmoderne. In der Erzählung „Der Ballon", die im ersten Kapitel als Musterbeispiel diente, kann man sich sehr wohl mit dem Erfindungsreichtum des Protagonisten identifizieren und möglicherweise auch mit seinem Liebeskummer nach der abwesenden Freundin. Doch diese aufrichtig empfundenen Identifikationen werden ad absurdum geführt, wenn man am Ende realisiert, dass der Held – wie er selbst ankündigt – bei der nächsten Krise seinen erfundenen Ballon gleich wieder auspacken und erzählerisch entfalten wird. Der Leser ist nicht nur mitfühlender Beobachter, sondern auch Mitwisser bei einem vorhersehbaren (und zudem durchschaubaren) Täuschungsmanöver. Hier wie auch anderswo in der Postmoderne wird man durch eine erzählerische Finte dazu gebracht, sich mit jemandem zu identifizieren, der positive Identifikationsmomente aufruft und diese dann ziemlich unvermittelt ins Leere laufen lässt. Wenn wir im Voraus wissen, dass wir uns wieder (und immer wieder) mit dem Helden identifizieren werden, schwächt dieses Vorwissen den Akt der Identifikation selbst ab. Weil diese kreisartig verlaufende Identifikationsstiftung und -entwertung in die Erzählweise selbst eingebaut sind, können wir uns diesen Mechanismen formal nicht entziehen – es sei denn, wir ignorieren bewusst das, was uns an der Erzählung nicht gefällt.

Performatistisches Erzählen benutzt sowohl Elemente der realistischen als auch der postmodernen Erzählmodi, funktioniert aber auf eine betont andere Weise als diese. Zunächst einmal sind performatistische Erzählungen darum bemüht, eine möglichst direkte Identifikation mit ihren Helden und Heldinnen zu stiften. Diese Identifikationen erfolgen auf vielfältige Art und Weise, aber einige Grundtendenzen lassen sich verzeichnen. Wichtig ist vor allem, dass Hauptprotagonisten meist einfache, markante Eigenschaften aufweisen, die sie von ihrer Umgebung abgrenzen. Weil diese Charaktere in ihrem auffälligen Grundzustand verharren, rufen sie Konflikte mit anderen in ihrer Umgebung hervor. Diese erste Art von Identifikation lässt sich aber prinzipiell immer hinterfragen. So kann man mit Lester Burnham, dem Helden des performatistischen Films *American Beauty* (1999), bis zu einem bestimmten Grad mitfühlen, als er sich plötzlich in den Zustand eines pubertierenden Jugendlichen zurückversetzt fühlt und das Leben wieder frei zu genießen beginnt. Allerdings wird diese Rückwärtsentwicklung von zahlreichen

Momenten begleitet, die Ironie oder Zweifel aufkommen lassen. So wird das bürgerliche Leben um Lester herum als betont hässlich gekennzeichnet, und am Ende erreicht Lester seine Ziele nicht (er verführt das Mädchen seiner Träume nicht und wird daraufhin ermordet). Performatistische Werke funktionieren deshalb nicht lediglich durch eine einfache, sondern durch eine *doppelte* Identifikationsstiftung, die uns eine Identifikation formal aufzwingt, der wir uns nicht entziehen können.

Im Fall von *American Beauty* geschieht dies mithilfe einer erzähltechnischen Finte. Am Ende des Films, nachdem Lester bereits gestorben ist, erzählt er uns, dass das Leben unermesslich schön sei – bloß werden wir das erst erfahren, nachdem wir sterben. Diese Behauptung müssten wir ebenfalls nicht ernst nehmen, wäre sie nicht mit einer weiteren Szene im Film verbunden, in dem Lesters Tochter und ihr Freund Ricky Fitts einen Videofilm anschauen, in dem eine weiße Plastiktüte im Wind tanzt (diese Szene ist inzwischen zu einem Klassiker der Filmgeschichte geworden). Für Ricky – der im Rest des Films geradezu buddhistische Gelassenheit gegenüber dem weltlichen Leben ausstrahlt –, ist die tanzende Tüte Teil einer „unglaublich gütigen Kraft" hinter den Dingen, die die Welt und sein Herz mit einer überwältigenden Schönheit füllt. Genau diese (oder ähnliche) Worte benutzt Lester in seiner letzten, formal nicht hinterfragbaren Rede, deren Wahrheitsgehalt wir ja erst dann überprüfen können, wenn wir tot sind. Das Ergebnis ist das, was ich eine *doppelte Rahmung* – eine verbindliche Verklammerung von Identifikationsmomenten – nenne. Der Film zeigt uns einerseits eine Welt, die alles andere als schön ist, andererseits zwei Charaktere, die eine göttliche Kraft hinter den Dingen sehen und die Welt deshalb als schön betrachten und erleben (Lester nimmt an dieser Schönheit sogar direkt teil, nachdem er stirbt). Inhaltlich haben wir natürlich nach wie vor die Wahl zwischen diesen zwei Perspektiven, erzähltechnisch aber nicht, denn Lester (unterstützt durch die Tüten-Szene mit Ricky Fitts) hat das letzte Wort. Ausgang und Aufbau des Films geben uns vor, an welche Version wir zu glauben haben. Dies gilt auch dann, wenn wir als skeptische Menschen wissen, dass Tote aus dem Jenseits nicht erzählen können, wie Lester dies in der fiktiven Welt des Films tut. Die Form – die Erzählweise des Films samt der spezifischen Art der Handlungsentfaltung – zwingt uns, Lesters Glauben an die Schönheit einer eigentlich unschönen Welt zu teilen.

Auch die Erzählung „Lächeln“, die im ersten Kapitel bereits angesprochen wurde, funktioniert in dieser Weise, wenngleich ohne auffällige erzähltechnische Tricks. Hier geht es im Wesentlichen darum, ob die beiden „Saulus-zu-Paulus-Geschichten“, die die Erzählung ausmachen, ernst zu nehmen sind. Trotz der Banalität und Oberflächlichkeit der Umstände gibt uns die Erzählung allen Anlass, tatsächlich daran zu glauben. Denn die Saulus-zu-Paulus-Erzählung des eher unsympathischen Vaters erweist sich als echt – der Vater lässt sich trotz des ehebrecherischen „Heilsengels“ nicht nur bekehren, sondern verharrt auch danach in seinem Glauben. Doch auch der Sohn erlebt nach der Begegnung mit dem Vater eine Saulus-zu-Paulus-Verwandlung. Er ist nach eigener Angabe ein „anderer

Mensch" geworden, und die als göttlich gekennzeichneten Topflappen des ihm entfremdeten Vaters werden von ihm angenommen. Diese wiederum wirken wie ostensive Zeichen; sie sind einheitliche, dingliche und zugleich performative Zeichen, die am Ende der Geschichte dem Erzähler unmittelbar zuhanden sind und die Einheit von Vater und Sohn verbürgen. Vermittelt wird diese Versöhnung durch einen religiösen Ritus (die Beichte), an dem beide Personen unbewusst teilnehmen. Auch wenn die religiösen Glaubensinhalte des Vaters vom Sohn nicht übernommen werden, nimmt er etwas von der optimistischen, spirituellen Haltung des Vaters mit – und zwar in geschwächter, weltlicher Form. Die in den Text eingestreuten Erzählsignale ermöglichen sowohl eine optimistische, ernsthafte als auch eine pessimistische, ironische Auslegung der Erzählung (die Geschichte endet mit dem Verweis auf die Topflappen). Insgesamt aber sprechen diese Signale dafür, dass wir beide Charaktere in ihrem Gesinnungswandel – trotz etlicher Schwächen – ernst nehmen und auch, dass sie ihre persönlichen und Ost-West-bedingten Differenzen zumindest punktuell überwinden.

Woran genau glauben wir beim performatistischen Erzählen? Wichtig ist weniger die psychologisch bedingte Identifikation mit einem Charakter als der Horizont der Transzendenz, der um diesen Charakter in der doppelten Rahmung entsteht. Doch was ist Transzendenz? Transzendenz kann man natürlich immer direkt darstellen (so z.B., als Lester Burnham uns als Toter aus dem transzendenten Jenseits erzählt). Diese Art von Direktdarstellung ist allerdings nicht spezifisch für den Performatismus und kann im

Grunde überall gefunden werden. Normalerweise setzen wir diese direkte Transzendenzdarstellung in Klammern, wenn wir ein Erzählwerk lesen oder anschauen – wir wissen ja, dass Tote nicht reden können, dass Superman nicht fliegen kann oder dass es keine Marsmännchen gibt, aber wir sehen vorübergehend darüber hinweg, damit die internen Regeln der Erzählung logisch zusammenhängend bleiben.

Deshalb ist die für den Performatismus spezifische Darstellung der Transzendenz *indirekt*. Diese indirekte Darstellung nimmt zwei klassische Grundformen an, die kein geringerer als Martin Heidegger in seinem Werk *Metaphysische Anfangsgründe der Logik* (1928) beschrieben hat. Erstens kann Transzendenz durch das Überschreiten einer Grenze entstehen (das ist auch die ursprüngliche Bedeutung des Wortes *transcendere*). Die Grenze, auf die es hier besonders ankommt, trennt das Innenleben des Menschen von der Außenwelt. Der Mensch wird als ein von der Welt abgekapseltes oder getrenntes Wesen verstanden, das die eigene Bewusstseinsgrenze überwinden muss, um Wissen von der Welt zu erlangen. Diese Art von Transzendenz nennt Heidegger daher erkenntnistheoretisch. Transzendenz – das, was dem Menschen äußerlich ist –, steht in Opposition zur Immanenz, also zu dem, was ihm innerlich ist.

Beim zweiten Typus von Transzendenz geht es um eine „Gegenorientierung zur Kontingenz", wie Heidegger es nennt. Das Kontingente ist „das, was uns berührt", es besteht also aus unmittelbaren (und eher zufälligen) Kontakten mit der umherliegenden Welt. Abgegrenzt davon wird die zweite, „theologische" Bedeutung von Transzendenz, die all das betrifft, was über diese unmittelbare Weltberührung hinaus geht – eine höhere, unbekannte Ursache, die meist göttlichen Ursprungs ist und den scheinbar zufälligen Einzelkontakten mit der Welt einen Gesamtsinn gibt.

Es gibt jedoch auch eine dritte, noch tiefer liegende Spielart der Transzendenz (die von Heidegger nicht erfasst wird, dafür aber von Eric Gans). Im Wesentlichen geht es um das ostensive Zeichen bzw. um den ostensiven Urcharakter der Sprache. Gemeint ist, dass Sprache nicht in erster Linie durch Verstand oder Reflexion wirkt, sondern durch Performanzen – durch öffentlich ausgetragene Handlungen –, die uns in der Intuition oder Anschauung (also über unmittelbare Sinneswahrnehmungen) zugänglich sind. Diese Performanzen werden vermittelt durch ostensive Zeichen, die durch ihre spontane Setzung Gewalt vorübergehend aufschieben oder zeitweilig Versöhnung einleiten. Durch diese Zeichensetzungen transzendiert der Mensch den tierischen Zustand der instinktiv gesteuerten Gewaltausübung und schafft einen Rahmen, in dem Religion, Kultur, Wirtschaft, Kunst usw. gedeihen können (aber nicht müssen).

Wichtig in unserem Zusammenhang ist nicht so sehr Gans' Gesamttheorie, die einen allgemeingültigen Anspruch auf die Erklärung der Kulturentstehung erhebt, als seine Beschreibung des ostensiven Zeichens als Möglichkeit, Transzendenz sprachlich, gestisch oder formal zu vermitteln. Gans' Vorstellung eines einheitlichen, Gewalt oder Streit aufschiebenden Zeichens (die er als universale Basis der Kultur ansieht), stellt aus meiner Sicht vielmehr ein spezifisch historisches Moment dar. Denn das Konzept des ostensiven Zeichens erfasst meines Erachtens am besten und am prägnantesten, wie Künstler, Schriftsteller, Filmemacher und Architekten zurzeit vorgehen, um postmodernen Relativismus und postmoderne Ironie auszuschalten und einen neuen, positiv gedachten kulturellen Weg einzuschlagen.

Im Performatismus kommen alle drei der oben genannten Transzendenzarten zur Geltung: Performatistische Protagonisten sind zunächst sehr oft abgekapselte Persönlichkeiten, die Schwierigkeiten haben, sich mit anderen Menschen „normal" – also mit gängigen sprachlichen Umgangsformen – zu verständigen. Eine solche kommunikative Abkapselung gilt z.B. in *American Beauty* für Oberst Fitts, einen homophoben Soldaten im Ruhestand, der selbst homosexuell ist. Fitts transzendiert seine „Kapselwand", indem er Lester Burnham voll auf den Mund küsst; weil dies jedoch auf einem Missverständnis beruht – Lester ist heterosexuell und weist ihn ab –, wird Fitts Lester später erschießen. Dieser Schuss wiederum leitet die theologische Spielart der Transzendenz ein. Wichtig ist nicht so sehr, dass Lester das irdische Leben direkt transzendiert – also aus dem Jenseits erzählt –, sondern wichtig ist, *was* er erzählt. Und seine Erzählung lautet in etwa so: Das Kontingente – das, was uns berührt (der Schuss, die ganzen kleinen hässlichen Dinge des Alltags) – habe seinen Ursprung in einer Schönheit, die uns nicht direkt zugänglich sei. Diese nicht rational erfassbare oder transzendente Logik begründet den grundlegenden Optimismus des Films und verhindert eine ironische Interpretation des

Titels in postmoderner Manier. Dabei fungiert die sich in einer Windhose drehenden Plastiktüte als ein ostensives Zeichen, das Ricky, Lester – und auch uns als Zuseher – Zugang zu einer höheren transzendenten Einheit verschafft. Zwar kann man hier immer noch von Ironie sprechen, denn Lester wird ausgerechnet in dem Moment erschossen, als er im irdischen Leben seinen Rückfall in die Pubertät überwindet und Frieden mit sich selbst schließt. Doch diese durch einen Gewaltakt eingeleitete Ironie lenkt unseren Blick in eine positive Richtung, und zwar hin zu Lesters posthumer Entdeckung der transzendenten Schönheit.

In unserem zweiten Beispiel stoßen wir auf dieselben Spielarten der Transzendenz, dort geht es allerdings ohne eine fantastische Überformung der Erzählweise vonstatten. Vater und Sohn in „Lächeln" gehen zunächst spontan durch die quasisakrale Kommunikationsform der Beichte aus sich selbst heraus und aufeinander zu – sie lernen sich dabei auf eine Weise kennen, die es zuvor nicht gab. Dabei wird in der Rede des Vaters eine paradoxe Logik ins Spiel gebracht („Wer sind wir denn, dass wir uns an den Menschen stören, die uns die Botschaft überbringen?"), die offensichtlich nicht nur für ihn, sondern auch für seinen Sohn Martin gilt. (Martin fühlt sich in Anwesenheit des Vaters nicht allzu wohl, nimmt dessen einheitsstiftende Gabe – die Topflappen – aber letzten Endes an.) Auch hier wird eine verquere Logik bemüht, die sich gegen die Widrigkeiten des Alltags und der Ost-West-Versöhnung mit dem Hinweis stemmt, man sollte sich nicht an dem stören, was einen zufällig berührt. Wichtiger ist vielmehr die Teilhabe an einer Art von nicht näher beschriebener, aber in bestimmten Einzelheiten erfahrbarer Einheit, die durch die Topflappen verkörpert wird. Direkt ausgesprochen mag das pathetisch klingen; indirekt dargestellt als Performanz ist es dies jedoch ganz und gar nicht. Der Roman stiftet mit unterschwelligen Mitteln Glauben an das Gelingen der deutschen Einheit, ohne jedoch über die Schwierigkeiten dieser Einheit hinweg zu täuschen oder sie mit zu viel dunklem Tiefsinn aufzuladen.

Inzwischen können wir von vier ziemlich beständigen Grundelementen des performatistischen Erzählens sprechen. Es sind: (1) *doppelte Rahmung* (die Herstellung von verbindlichen Identifikationen durch die oft künstlich wirkende Verklammerung von Handlung und Erzählweise); (2) *abgekapselte oder von der Außenwelt getrennte Helden und Heldinnen*; (3) die Verwendung von *einfachen, einheitsstiftenden (ostensiven) Zeichen*; und (4) die *indirekte Darstellung von Transzendenz* (ob erkenntnistheoretisch, theologisch oder sprachlich). Aus dem Zusammenspiel dieser „Grundzutaten" gehen bestimmte Handlungsmuster hervor, die sich in Film und Literatur seit etwa 1995 regelmäßig auffinden lassen. Hier können nicht alle Muster beschrieben werden, aber ich möchte auf zwei der zentralsten näher eingehen: „Gott spielen" und „einem Rahmen entkommen".

„Gott spielen" ereignet sich dann, wenn zunächst beschränkt wirkende Helden in performatistischen Werken „von oben" in die Handlung einzugreifen. Diese Charaktere bekommen mit anderen Worten Eigenschaften, die normalerweise einem Autor oder Gott zustehen. Ein musterhaftes, wenn nicht allzu seriöses Beispiel ist der Film

Bruce Allmächtig (*Bruce Almighty*, 2003), der buchstäblich zeigt, was passiert, wenn ein normaler Mensch plötzlich über göttliche Kräfte verfügt (Gott geht kurz in Urlaub und beauftragt den ehrgeizigen Fernsehreporter Bruce, ihn zu vertreten). *Bruce Allmächtig* ist insofern interessant, als Bruce einen persönlichen oder theistischen Gott nach tatsächlich christlichem Verständnis spielt. Er darf alles machen, außer sich direkt zu erkennen geben, und er darf den freien Willen der Menschen nicht außer Kraft setzen. Bruce erfährt, dass eine so eingeschränkte Allmacht nicht unmittelbar zu glücklichen Ergebnissen führt (so z.B., wenn er alle Lottospieler zu Gewinnern erklärt und das Spiel damit entwertet). Am Ende kehrt er nach seinem Zwischenspiel als Gott geläutert und erleichtert zum menschlichen Zustand zurück. Die direkte Darstellung gottähnlicher Transzendenz findet man auch im Film *Vergiss mein nicht!* (*Eternal Sunshine of the Spotless Mind*, 2004), in dem eine Hi-Tech-Firma Erinnerungen von Menschen löscht, die nach unglücklichen Beziehungen ihren Partner vergessen wollen. Auch hier geht der gut gemeinte Eingriff von oben schief, und die zwei Hauptprotagonisten müssen durch eigene Willenskraft und durch die Setzung eines einfachen, ostensiven Zeichens zueinander finden (es ist in diesem Fall das beiderseitig ausgesprochene Wort „OK", das den Neuanfang der Beziehung besiegelt). In diesen und anderen Fällen werden spezifisch menschliche Werte wie Liebe oder freie Willensausübung durch die Zusammenwirkung mit „göttlichen" Kräften bestätigt. Religion dient hier nicht irgendwelchen jenseitigen Zielen, sondern der

Bestätigung des Menschen in einem sozialen Zusammenhang oder in einer geglückten Zweierbeziehung.

Die Übertragung göttlicher oder auktorialer Kräfte auf normale Menschen wird ebenfalls mit realistischen Mitteln verwirklicht. Das bekannteste deutsche Beispiel ist wohl der Film *Good Bye, Lenin* (2003), in dem ein junger Mann mit Hilfe seiner Freunde seiner todkranken Mutter das Weiterbestehen der DDR nach dem Mauerfall vortäuscht. Hier wird ein Akt der geschichtlichen Transzendenz (die deutsche Vereinigung) durch eine Performanz im Kleinen zeitweilig selbst transzendiert. Mit ähnlicher Täuschungsabsicht handelt Amélie in *Die fabelhafte Welt der Amelie* (*Le Fabuleux Destin d'Amélie Poulain*, 2001). Durch kleine Eingriffe in das Leben anderer beschert sie diesen Menschen Glück (in einem Fall bestraft sie auch einen herrisch auftretenden Gemüsehändler). Eine wichtige Pointe bei Amélie besteht darin, dass sie diese „göttliche" Methode nicht auf sich selbst anwenden kann. Damit sie ihr Glück findet, bedarf sie der Hilfe ihrer Freunde, die sie mit ihrem Traummann schließlich durch einen Trick zusammenbringen.

Hier wie anderswo im Performatismus geht Glaube vor Wissen. Man weiß, dass diese Eingriffe eine Täuschung sind und inhaltlich zweifelhaft, man identifiziert sich aber trotzdem mit ihnen, weil sie einem heilsamen Zweck dienen. Dies stellt wiederum die Ethik der Postmoderne auf den Kopf, die in erster Linie desillusionieren will. Barthelmes „Der Ballon" zeigt, wie eine von Menschenhand lancierte auktoriale Intervention – die selbsttherapeutische Erfindung des Ballons – sich letzten Endes als Teufelskreis herausstellt. Aus der allzu menschlichen Projektion (dem

Ballon) lässt der Autor gezielt die Luft heraus. Im Performatismus dagegen bläht man sie gewissermaßen noch mehr auf, um ein glückverheißendes Ziel zu erreichen. Die Tatsache, dass der Leser weiß, dass Täuschung im Spiel ist, lässt das Glaubenserlebnis paradoxerweise sogar noch stärker hervortreten: Man wird sich des gewollten Charakters des eigenen Glaubens noch bewusster. Diese Art von ästhetisch inszenierter Selbsttäuschung gelingt wohlgemerkt nur in der doppelten Rahmung, also dann, wenn ein Autor/Gott dahinter steht und in der Erzählgestaltung für einen zumindest erträglichen Ausgang sorgt. Rein formal sollte sich der Leser diesem Ausgang nicht entziehen können (auch wenn es ihm nicht gefällt). Auch deshalb können postmodern geschulte Leser häufig gar nichts mit performatistischen Werken anfangen, die sie als „unkritisch", „konstruiert" oder „sentimental" abtun.

In der erzählenden Literatur kommt die Inszenierung des „Gott-Spielens" nicht minder häufig vor als im Film. Im Roman *Geschichte der Liebe* (*The History of Love: A Novel*, 2005) der amerikanischen Schriftstellerin Nicole Krauss wird vorgeführt, wie ein durch den Holocaust von einem Autor (Leo Gursky) abhanden gekommenes Manuskript, *Die Geschichte der Liebe*, letzten Endes doch zurück zu Gursky gelangt. Dies geschieht durch eine Mischung aus (vom Autor konstruiertem) Zufall und aus freien Willensentscheidungen seitens Menschen (darunter Kinder), deren Beweggründe durch intensive Todes- und Liebeserfahrungen oder Gottessuche bestimmt sind. So kommt es, dass ein Mädchen, das nach der Heldin des verschollenen Romans (und nach der großen Liebe von Gursky) benannt wird, Gursky ausfindig macht, heimlich in sein Leben eingreift und ihm schließlich als lebendig gewordenes Zeichen seiner ursprünglichen Liebe entgegentritt. Nicht zufällig wird „Alma", der Name des Mädchens, der Geliebten und der Romanheldin, von Gursky am Ende dreimal wiederholt, als er die Wahrheit der Situation begreift. Der Name ist nicht bloß ein Name, sondern eine quasi magische Realisierung seiner Wunschträume. Er ist Ding, Zeichen und Mensch zugleich und überwindet Zeit und Raum. Interessanterweise wird innerhalb des Buchs im Buch (d.h. Gurskys *Geschichte der Liebe*) eine verschollene Ursprache beschrieben, die nur aus Gesten besteht und stark an das Ostensive erinnert: „Es wurde nicht zwischen sprachlichen Gesten und lebensnotwendigen Handgriffen unterschieden".(103) Diese einheitliche, transzendenzträchtige Ursprache liefert die Grundlage für die weitgehend gelungenen Handlungen der Heldin Alma, die als Fleisch gewordener Name aus einem Text „magisch" in das Leben des Autors eingreift.

Im Sinne der doppelten Rahmung wird das letzten Endes erfolgreiche Wechselspiel zwischen den Charakteren durch einen unsichtbaren Autor zusammengehalten, der uns die Konstruiertheit des Ganzen ständig vorführt. So gibt es neben dem auktorialen Erzähler drei sich ständig abwechselnde Ich-Erzähler, deren Beiträge mit eigenen typographischen Symbolen gekennzeichnet werden. Auch die Handlung ist derart verschlungen, dass sie hier nur andeutungsweise wiedergegeben werden kann. Insgesamt ist diese auktoriale Inszenierung von Transzendenz in Bezug auf den Holocaust typisch für Autoren der sogenannten

„dritten Generation", die selbst keine direkte Erfahrung mit dem Massenmord während des Zweiten Weltkriegs mehr haben (dazu gehören Jonathan Safran Foers *Alles ist erleuchtet* [*Everything is Illuminated*, 2002] *Extrem laut und glaublich nah* [*Extremely Loud and Incredibly Close*, 2005], Yann Martels *Ein Hemd des 20. Jahrhunderts* [*Beatrice and Vergil*, 2010] und etliche andere). Diese Aufwertung der Transzendenz in Bezug auf die Erfahrung des Holocaust, des Gulag und des Zweiten Weltkriegs generell hat weniger mit Trivialisierung oder mit Verdrängung zu tun als mit dem Versuch, positive, ganzheitliche Wertigkeit aus tragischen, aber sehr weit zurück liegenden historischen Umständen zu gewinnen. Für die Postmodernisten dagegen (die häufig die horrenden Ereignisse des Zweiten Weltkriegs noch direkt erfahren hatten), ist eine abwehrende, ironisierende Haltung typisch. Diese erlaubt von vornherein keine ganzheitliche Werkgestaltung mehr, weil diese formal mit den ästhetischen Praktiken des Nationalsozialismus oder des Stalinismus gleichgesetzt wird. Die Rückkehr der ästhetischen Totalitätserfahrung (die für den Performatismus charakteristisch ist) ist erst dann (wieder) möglich, wenn der politische Totalitarismus keine reelle Bedrohung mehr darstellt.

Eine weitere Handlungslinie, die in performatistischen Werken immer wieder vorkommt, entspricht dem Muster „einem Rahmen entkommen". In den großen Weltreligionen stellt man sich den Menschen als gefangen in einer Welt vor, deren Schranken es mit spirituellen Mitteln zu überwinden gilt. Dieses Transzendenzmuster gilt für eine ganze Reihe von Filmen und Büchern, die jenes Prinzip mal buchstäblich, mal metaphorisch verwirklichen. Wichtig ist dabei die unausgesprochene Annahme, dass der Zustand des Eingeschlossen-Seins für den Menschen eine produktive Herausforderung darstellt. Die „Einzäunung" des Menschen zwingt ihn zu schöpferischen, aufopferungsvollen oder sonstigen selbstüberwindenden Taten, die es ansonsten nicht gegeben hätte. Erzähltechnisch kommt dies in der performatistischen doppelten Rahmung zur Geltung, in der eine das Werk umfassende Struktur (der äußere Rahmen) mit einer internen Szene oder Person (dem inneren Rahmen) verklammert wird, um eine einheitlich erscheinende, transzendenzverheißende Wirkung zu erzeugen. Dies steht in starkem Kontrast zu Techniken der Postmoderne, in der eine unaufhörliche, subversive Grenzüberschreitung die Regel ist und Eingeschlossen-Sein mit totalitären oder repressiven Zuständen gleichgesetzt wird (im historischen Hintergrund lauert stets die totalitäre Erfahrung mit Konzentrations- und Arbeitslagern). Hinsichtlich der Erzählhaltung vermeidet man in der Postmoderne daher alles, was mit einem vereinheitlichenden, verbindlichen Abschluss endet (so schließt das Musterbeispiel „Der Ballon" mit der Ankündigung, dass die Kerngeschichte zu jeder Zeit wieder losgehen kann, wenn sich der Erzähler einsam fühlt). Wunschergebnis einer postmodernen Entwicklung ist nicht eine nach Transzendenz strebende Person mit ausgeprägten Kerneigenschaften, sondern ein ironisch denkender, beweglicher und flüchtiger Mensch, der von den repressiven Kräften um sich herum geprägt ist, aber sich durch diese nicht völlig vereinnahmen lässt.

Im Performatismus dagegen ist das Muster Eingrenzung/Überwindung der Eingrenzung (mit Gewinn für die Beteiligten) das gängigste. Am markantesten findet man diese Handlungslinie in Science-Fiction- und Fantasy-Filmen. In Filmen wie *Interstellar* (2014), *Das Dorf – The Village* (2004), *The Sixth Sense* (1999) und *Cube* (1997) sind alle Protagonisten Extremsituationen ausgesetzt, die entweder buchstäblich oder im übertragenen Sinne mit Eingrenzung zu tun haben. So sind die Protagonisten in *Interstellar* auf der zunehmend lebensunfähig gewordene Erde gefangen und müssen einen neuen (noch eingeschränkteren) Wohnort im All finden. Den entscheidenden Hinweis, der zur Rettung führt, gibt der in einer anderen Raum- und Zeitdimension gefangene Held. Die Bewohner des Dorfs im gleichnamigen Film von M. Night Shyamalan sind in einer Art Riesengehege eingepfercht, das ihnen ein Leben wie im 19. Jahrhundert vorgaukelt. Der (blinden) Heldin gelingt es, diese Illusion zu durchbrechen und nach außen zu gelangen, die wohltuende Illusion wird aber dennoch am Ende aufrechterhalten. In Shyamalans Film *The Sixth Sense* scheint der Held ebenfalls in einer eigenen Welt gefangen zu sein; erst am Ende erfahren wir, dass er längst tot ist. Wichtig aus performatistischer Sicht ist nicht so sehr seine jenseitige Befindlichkeit als seine Fähigkeit, sich aus dem Tod heraus mit seiner Frau zu versöhnen. Im kanadischen Horror-Film *Cube* müssen sieben Menschen den Weg aus einem riesigen Quader finden; der einzige, der überlebt, ist ein Autist, der gewissermaßen in sich selbst gefangen ist und daher mit der Situation am besten zurechtkommt. Diesen Handlungsmustern gemeinsam ist, dass die „Einzäunung" des Menschen nicht als Repression gezeigt wird, sondern sich als Ausgangspunkt für eine transzendente Handlung erweist, die darin besteht, andere (oder sich) zu retten oder sich mit anderen zu versöhnen.

Dasselbe Muster findet man auch in sogenannten Survival-Filmen, die auf fantastische Effekte verzichten und Menschen in lebensbedrohlichen Situationen zeigen, in denen sie ums Überleben kämpfen. Typisch hierfür ist *Castaway – Verschollen* (2000), in dem eine postmoderne Robinson-Crusoe-Figur, die ein oberflächliches und schnelles Leben führt, sich nach einem Flugzeugunglück auf einer Südseeinsel zurechtfinden muss. Die performatistische Pointe wird durch die Erfindung von „Wilson" gesetzt, einem Menschenkopfersatz, der aus einem angemalten Volleyball besteht. Der performatistische Mensch braucht auch in der vermeintlich absoluten Isolation eine menschliche Bindung, sei es auch eine selbst gebastelte, gut erkennbare Projektion. Der Kontrast zu Barthelmes „Ballon" liegt auf der Hand. Beide Gegenstände sind luftige Projektionen, aber „Wilson" tröstet, weil er menschliche Ausmaße hat und einen absoluten (und in der fiktiven Welt reellen) Mangel an Mitmenschen ausgleicht. Der Ballon dagegen ist von vornherein eine aufgeblasene Kopfgeburt, die die sexuellen Mängel des Erzählers durch die Überproduktion von falschen Zeichen kompensiert. „Wilson" wird gegen Ende des Films, als sich der Held von der Insel absetzt, nicht mehr benötigt, in „Der Ballon" wird der Ballon immer wieder als ironisch zu denkendes Trostpflaster zurückkehren.

Ein geradezu klassisches Beispiel des performatistischen Survival-Genres ist Yann Martels *Schiffbruch mit Tiger* (*Life of Pi*, 2001) bzw. Ang Lees gleichnamiger Film (2012). Das Einzäunungsmotiv zieht sich durch mehrere Schichten des Werks. Zunächst einmal besitzt die Familie von Pi, dem Helden, einen Zoo, der als durchwegs tierfreundlich geschildert wird. Bei der Umsiedlung des Zoos nach Amerika sinkt der Frachter, auf dem sich der Held befindet, und Pi überlebt laut eigener Angabe, indem er auf einem kleinen Rettungsboot einen hungrigen Tiger so dressiert, dass er Pi nicht angreift. Diese von Pi sehr ausführlich und schön erzählte Geschichte erweist sich allerdings bei der Überprüfung durch zwei Versicherungsagenten als eine Erfindung, die einen tödlichen Kampf auf dem Boot mit dem Schiffskoch verdrängt (diese hässliche kleine Geschichte wird von Pi kurz und bündig in ein paar Absätzen erzählt). Im Schlussbericht der Versicherungsangestellten wird jedoch die schönere Variante aufgegriffen. Diese Entscheidung wird auch vom Schluss des Romans unterstützt, der das Fazit der Versicherungsleute nicht hinterfragt. Im Zweifelsfall zieht man also eine schöne, tröstliche und unwahre Geschichte einer hässlichen vor. Dass diese Art von schönem Trost mit religiösem Glauben unmittelbar verbunden ist, geht aus etlichen Details des Romans hervor. So ist Pi ein begeisterter Anhänger des Islams, des Hinduismus und des Christentums (in späteren Jahren studiert er auch die Kabbala). In seinem unbeirrten Einheitsstreben schert er sich nicht um Institutionen, sondern „will nur Gott lieben“. Auch Pis spezielle Art zu glauben wird durch eine ostensive Zeichenhandlung buchstäblich vor der Versenkung gerettet. Pi dressiert den Tiger nämlich durch die Anwendung eines einfachen, dingbezogenes Zeichens (es handelt sich um ein Pfeifengeräusch, das mit dem Schaukeln des Rettungsboots verknüpft wird und den Tiger seekrank macht).

Schiffbruch mit Tiger und ähnliche performatistische Werke fordern uns geradezu zu auf, trotz besseren Wissens an das Schöne zu glauben. Dieser Haltung kann die endlose, ironische Erkenntniskritik der Postmoderne nichts anhaben, weil der illusorische Charakter von Pis schönem Bericht von selbst deutlich zu erkennen ist. Beim *Schiffbruch mit Tiger* wird man durch die Form des Werks geradezu gezwungen, sich für die schöne Version zu entscheiden. Wer sich erkenntniskritisch dagegen wehrt – „das ist doch ein billiger Trick" –, wird mit seinem „Erkenntnisgewinn" wenig anfangen können, denn der illusorische Charakter von Pis Aussagen wird vom Werk selbst aufgedeckt. Der postmoderne Leser oder Zuschauer wird in eine Falle gelockt, der er nicht so leicht entkommen kann – es sei denn, er verzichtet auf eine Beschäftigung mit dem Werk überhaupt.

Würde man nach einer Art Grundformel für performatistisches Erzählen suchen, müsste man auf das Zusammenspiel von zwei Bedingungen in der fiktiven Welt achten. Die erste betrifft die Befindlichkeit der Helden und Heldinnen. Diese verfügen in der Regel über feste Kerneigenschaften bzw. weisen eine bestimmte Grundbefindlichkeit auf, in der sie verharren. Häufig kommen diese Kerneigenschaften erst durch eine zweifelhaft wirkende Einschränkung oder Rahmung zur Geltung. So entscheidet

Lester Burnham, der Held von *American Beauty*, auf das bürgerliche Leben zu pfeifen und einem pubertären Hedonismus zu frönen; erst als er auch diese zweite oberflächliche Lebensform abgelegt hat, findet er innere Festigkeit und Ruhe. Held und Heldin von Fatih Akins *Gegen die Wand* (2004), die jeweils alkoholsüchtig und selbstmordgefährdet sind, finden Halt in einer zunächst grotesk wirkenden Scheinehe, die sich aber dann in eine (fast) unerschütterliche Liebe verwandelt. Der rechtsradikale Schläger Adam in Anders Thomas Jensens grotesker Komödie *Adams Äpfel* (*Adams aebler*, 2005) wird von seiner destruktiven, gewalttätigen Ideologie eingeschränkt, bis er sich von der unglaublichen Hiobsgeschichte des ihn betreuenden Pfarrers bekehren lässt. In Alejandro Iñárritus Film *Biutiful* (2010) versucht der krebskranke Kleinkriminelle Uxbal beharrlich bis zu seinem Tod seinen Kindern ein einigermaßen beständiges Zuhause zu sichern. In Thomas Vinterbergs Film *Das Fest* (*Festen*, 1998) bleibt der Held Christian trotz Widerstand seiner Familie und deren Bekannten fest bei seiner Behauptung, sein Vater habe ihn und seine Schwester als Kinder sexuell missbraucht – und setzt sich am Ende gegen den Patriarchen durch.

Diese Beispiele von Charaktergestaltung (die man fast beliebig fortsetzen könnte) weisen kein bestimmtes inhaltliches Muster auf. Vielmehr müssen sie im Zusammenhang mit einem bestimmten *Transzendenzangebot* gesehen werden, das von den jeweiligen Werken ausgeht. Diese Transzendenzgestaltung gibt die Rahmenbedingungen vor, in denen Helden und Heldinnen mit Erfolg oder Misserfolg agieren. So kommen die Liebenden in *Gegen die Wand* letzten Endes nicht zusammen. Die Beharrlichkeit der Liebe des Helden Cahit wird aber dadurch nicht erschüttert: Durch die Liebe ist er ein anderer geworden. In diesem Fall geht es nicht um ein „Happy End“, sondern um die Herausstellung der Liebe als einer positiven Möglichkeit der menschlichen Existenz. Ähnlich unglücklich geht *American Beauty* aus (der Held wird ermordet), aber der Film bietet Zugang zu einer transzendenten Ebene der Schönheit, die eine Art von Wertigkeit über den banalen Alltag hinaus in Aussicht stellt. *Biutiful* (dessen Titel eine Anspielung auf unvollkommene Schönheit enthält) endet ebenfalls mit dem Tod des Hauptprotagonisten. Doch auch hier gelingt sowohl im Diesseits als auch im Jenseits eine Art glücklicher Ausgang. Uxbals Kinder werden von der Frau eines Freundes versorgt und Uxbal kehrt in einer außerordentlich schön wirkenden Szene, die den Film ein- und ausleitet, zu seinem verstorbenen Vater zurück (diese Szene wird mal als subjektiver Traum von Uxbal, mal als vom Filmautor stammender Einschub präsentiert – die Standpunkte des Charakters und des Autors werden so miteinander verbindlich verklammert). Entscheidend in *Adams Äpfel* ist, dass der rechtsradikale Adam in der schier unendlichen Leidensgeschichte des todkranken Pfarrers Ivan die Hiobsgeschichte – die Schwerstprüfung durch Gott – entdeckt und dadurch selbst unfreiwillig zum Gläubigen wird. Denn aus Ivans göttlich verursachtem Leiden wird eine wundersame, scheinbar zufällige Heilung, deren Überzeugungskraft sich Adam nicht entziehen kann. In *Das Fest* dagegen ist es die Beharrlichkeit des Helden Christian selbst, die Familie und Gemeinschaft sich schließlich gegen den herrschsüchtigen Vater wenden lässt. Die Bereitschaft Christians – der nicht zufällig diesen Namen trägt –, sich freiwillig als Sündenbock in das Zentrum der Festgemeinschaft zu stellen, reicht aus, um ein gerechtes Ende im Diesseits zu erzwingen.

Auch hier lassen sich keine vorgegebenen inhaltlichen oder formalen Muster feststellen. Manche Filme halten sich an eine plausible Charakter- und Weltgestaltung, manche bedienen sich der grotesken Übertreibung und der Fantastik. Manche spielen direkt auf die positive Seite der Religion an, manche nicht. Nicht alle Filme haben einen eindeutig positiven oder versöhnlichen Ausgang, ganz zu schweigen von einem „Happy End"; manche enden traurig oder tragisch. Wichtig ist in jedem Fall aber die Herausstellung einer glaubenden Haltung bei den Charakteren (die dann auch in dieser Haltung verharren) sowie die Vorstellung einer nicht besonders schönen oder glücklichen, dafür aber prinzipiell verbesserungsfähigen Welt. Diese beiden Eigenschaften – das Verharren im Glauben (an die Schönheit, an einen anderen, an Gott, an sich selbst) und die Darstellung der Welt als grundsätzlich verbesserungsfähig – werden miteinander so verklammert, dass auch *wir* kaum eine andere Wahl haben, als daran zu glauben. Diese spezielle Verklammerung oder Performanz, die von einer meist sehr spürbaren auktorialen Hand ausgeführt und unterstützt wird, macht das Wesen des Performatismus aus.

Quellen

Gans, Eric. *Signs of Paradox: Irony, Resentment, and Other Mimetic Structures.* Stanford 1997.

Heidegger, Martin. *Gesamtausgabe II. Abteilung: Vorlesungen 1923-1944. Band 26. Metaphysische Anfangsgründe der Logik im Ausgang von Leibniz.* 2., durchgesehene Auflage. Frankfurt am Main 1990.

Kapitel 3

Performatistisches Denken und das performatistische Menschenbild

Der kulturelle Wechsel von der Postmoderne zur „Postpostmoderne“ oder zu dem, was ich „Performatismus“ nenne, wird auch von einer grundsätzlichen Verschiebung im philosophischen und kulturphilosophischen Denken begleitet. Auch wenn es hier nicht möglich ist, diesen Wandel vertiefend oder im Detail zu behandeln, lassen sich die wesentlichen Unterschiede zwischen postmodernem und postpostmodernem Denken in verkürzter Form gut darlegen. Dabei werde ich mich auf solche Denker beschränken, die sich bei der Analyse performatistischer Werke als unmittelbar nützlich erwiesen haben. Es sind dies der amerikanische Kulturtheoretiker Eric Gans (der in seinem Heimatland ein akademisches Außenseiterdasein fristet), der in Deutschland aufgrund seiner Medienpräsenz einschlägig bekannte Peter Sloterdijk und der einflussreiche marxistische Philosoph Alain Badiou aus Frankreich. Alle drei haben politisch und methodisch so gut wie nichts gemeinsam, arbeiten aber mit Kernannahmen, die auch für die Theorie des Performatismus bestimmend sind.

Die postmoderne oder poststrukturalistische Philosophie, von der sich die neue Richtung absetzt, ist zunächst einmal stark erkenntnistheoretisch geleitet. Man geht davon aus, dass unsere Wirklichkeitserfahrung stets durch

Zeichen vermittelt sei, die keinen direkten Zugang zu den Dingen erlauben. (Hier richtet man sich unter anderem gegen philosophische Strömungen der Moderne wie die Phänomenologie, die meinte, man könne Bewusstsein und Dingwelt so aufeinander einstellen, dass man eine empirisch genaue, durch Zeichen ungestörte Erfahrung der Welt erhalten könne.) Eine weitere wichtige Annahme der Postmoderne ist, dass unser Wissen durch Diskurse vermittelt wird. Ein Diskurs lässt sich zunächst als zweckgebundene Sprache im gesellschaftlichen Zusammenhang verstehen (es gibt einen wissenschaftlichen, politischen, medizinischen, juristischen, künstlerischen Diskurs usw.). Durch das Zusammenwirken verschiedener Diskurse kommen laut der poststrukturalistischen Denkweise bestimmte gesellschaftliche Machtverhältnisse zum Ausdruck. Da sich diese Machtverhältnisse nur über Diskurse zeigen (denn einen unmittelbaren Zugang zur „Macht" in Reinform gibt es nicht), liegt der Schwerpunkt vieler philosophischer Untersuchungen bei einer Sprach- und Diskurskritik, die diese Verhältnisse kritisch freilegt. So wird zum Beispiel untersucht, wie Diskurse, die irgendwelche maßgebenden Behauptungen aufstellen und sich als objektives Wissen präsentieren, gewisse andere Möglichkeiten stillschweigend ausgrenzen – man weiß beispielsweise, wie stark sich die Grenzen des sexuell „Normalen" in den vergangenen Jahrzehnten verschoben haben, sodass medizinisch einst als „pervers" bezeichnete Verhaltensweisen jetzt als gesellschaftlich völlig akzeptabel gelten. Daran knüpfen poststrukturalistische Vorstellungen von Ethik an, die häufig die Belange von ausgegrenzten Opfern ansprechen. Die von Jacques Derrida entwickelte Dekonstruktion und Michel Foucaults Diskurskritik sind einflussreiche Beispiele für diese Haltung.

Insgesamt gehen poststrukturalistische Diskurskritik und Opferethik mit einer skeptischen bzw. desillusionierenden Vorstellung des menschlichen Subjekts einher. Dieses wird infolge der harsch geführten Zeichen- und Diskurskritik als stark fremdbestimmt dargestellt, wobei gewisse Widerstandsmöglichkeiten durch einc ironische und kritische Einstellung zur Welt gegeben sind (im Unterschied zur Moderne werden radikalutopische Alternativen nicht in Aussicht gestellt). Das postmoderne bzw. poststrukturalistische Subjekt verfügt über keine festgefügten Kerneigenschaften, sondern geht mit der eigenen Fremdbestimmtheit (die vielfältig und veränderlich ist) selbstironisch und möglichst illusionslos um. Diese Position wird vor allem vom einflussreichen amerikanischen Philosophen Richard Rorty in seinem Buch *Kontingenz, Ironie, Solidarität* (*Contingency, Irony, Solidarity*, 1991 [1989]) vertreten.

Im Verlauf der 80er und 90er Jahre beginnen sich vereinzelte Denker vom Poststrukturalismus abzusetzen. Hier zeigt sich ein Interesse an philosophischen Fragestellungen, die im poststrukturalistischen Diskurs nur unter dem Aspekt einer vernichtenden Erkenntniskritik verhandelt werden konnten. In den Mittelpunkt rücken vor allem Ontologie (Seinslehre) und Ästhetik (die Untersuchung des Schönen). Dabei beginnt man sich erneut für eine anthropologische (und nicht bloß die von Nietzsche vorgegebene erkenntnistheoretische und machtkritische) Bestimmung des menschlichen Subjekts zu interessieren.

Zu betonen wäre auch, dass man damit nicht zu Positionen des 19. Jahrhunderts oder der Moderne zurückkehrt. Das Subjekt wird nicht, wie im Humanismus des 19. Jahrhunderts, als ein mit reichlichen Gaben ausgestattetes Vernunftwesen konzipiert. Das Sein wird auch nicht metaphysisch bestimmt, also als etwas, was sich systematisch und umfassend beschreiben ließe. Ebenso wenig kehrt man zu einer möglichst direkten, „eigentlichen" Erfahrung der Dinge oder des Daseins zurück. Wie sieht also diese neue Wende zum Sein und zum Menschen hin aus?

Generell teilen die nicht mehr postmodernen Denkansätze die Vorstellung von einem sehr grundsätzlichen menschlichen Erfahrungsbereich, der unterhalb der Schwelle des Diskurses liegt. Dieser Bereich nennt sich traditionell Anschauung oder Intuition (*intueri* bedeutet auf lateinisch „anschauen"). Dies schließt nicht nur Sehvermögen und „Bauchgefühl" mit ein, sondern auch sämtliche Sinneswahrnehmungen. Eric Gans sieht diese Intuition vor allem durch Mimesis oder Nachahmung gesteuert. Dabei wird menschliches Handeln hauptsächlich durch die Aufschiebung von Gewalt bestimmt, die wiederum durch die intuitive Setzung von einfachen (ostensiven) Zeichen gewährleistet wird. Badiou, der in seinem Buch *Ethik. Versuch über das Bewusstsein des Bösen* (*L'éthique, essai sur la conscience du mal*, 2003 [1993]) ein durch Transzendenzstreben bestimmtes menschliches Subjekt entwirft, wendet sich generell gegen eine Ethik, die sich nicht durch ein Ausharren in Wahrheit, sondern durch Appelle an die „öffentliche Meinung" (also durch den Diskurs) verwirklicht. Ethisches Handeln wird somit durch die Einnahme eines neuen, bis dahin unbekannten Standpunktes und durch eine Neuordnung des Seins (und nicht des Diskurses) begründet. Sloterdijk spricht in seiner *Sphären*-Trilogie von „Blasen", „Schalen" oder „Sphären", die wiederum ermöglichen, dass Menschen einander Wert einhauchen. Die Herstellung dieser „bipolaren Innigkeit" (*Sphären* I, 40) setzt im Mutterleib an und erfolgt in „Vier-Augen-Räume" oder „Zwei-Herzen-Sphären" (*Sphären* I, 141), die jeder diskursiven Gestaltung vorausgehen. Diese Dyaden oder Zweiheiten bilden die Grundlage von Sloterdijks Kulturphilosophie und -geschichte.

Im engen Zusammenhang mit der Wiederentdeckung der Anschauung oder Intuition steht die Auffassung, dass die Wahrnehmung der Schönheit ein grundsätzlicher Modus des menschlichen Handelns sei (poststrukturalistische Denker sehen in der Suche nach „Schönheit" lediglich ein diskursiv verdecktes Machtstreben und wenden den Begriff nie im positiven Sinne an). Gans (wie im Kapitel 1 bereits vorgeführt) bestimmt den ästhetischen Modus als die Fähigkeit, zwischen Zeichen und Ding aus einem Abstand heraus zu oszillieren. Der ästhetische Abstand zum praktischen Leben löst Streit zwar nicht auf, trägt aber vorübergehend zur Beruhigung der Lage bei. Zentral für die Ethikvorstellung von Badiou ist ein Ereignis, das „uns zwingt, eine *neue* Seinsweise zu entscheiden" (*Ethik*, 62). Solche Ereignisse können politischer, wissenschaftlicher, persönlicher oder künstlerischer Art sein (eine Revolution, die Einführung eines radikalen neuen Theorems, ein Liebesverhältnis oder eine radikale Verschiebung in der

Kunst, Musik oder Literatur). Dabei prägt Badiou das Wort „Inästhetik“, um die Wichtigkeit der Kunst als Wahrheitsträger herauszustellen und das „Anti-Verhältnis“ zwischen Kunst und Philosophie aufzulösen (*Kleines Handbuch zur Inästhetik*, 2001 [1998], 18). Sloterdijk spricht eher von Technik (im antiken Verständnis eines „Könnens“) als von Ästhetik im engeren Sinne, betont aber, dass „der Mensch ein Kunstgebilde ist, das nur auf zweimal geschaffen werden konnte“ (*Sphären I*, 32). Das „auf zweimal“ weist auf die Erstellung einer „Blase“ hin, die zwei Menschen umfasst und den Austausch von Innerlichkeit ermöglicht. Dieser künstliche, technische Vorgang bildet für ihn die Grundlage der menschlichen Zivilisation, deren Fortbildung sehr stark auf Nachahmung oder „mimetischer Ansteckung“ beruht (*Sphären* III, 259).

Eine anthropologisch (und nicht theologisch) verstandene Auffassung von Transzendenz spielt auch in den neuen philosophischen Ansätzen eine wichtige Rolle. Bei Gans ist dies bereits in der ostensiven Zeichensetzung angelegt, die aus tiergleichen Urmenschen vollwertige, kulturfähige Menschen macht und die Welt in eine sakrale und eine profane Sphäre einteilt. Sehr nachdrücklich betont auch Badiou die Bedeutung der Transzendenz. Zunächst spricht er von einem „menschlichen Tier“, das bloß seinen unmittelbaren Interessen folgt. Wer sich jedoch an einem Ereignis bzw. an einem neu auftretenden Wahrheitsprozess orientiert, wächst über das Tierische hinaus und wird zum „Träger eines Wahrheitsprozesses“ (*Ethik*, 62) und „unsterblich“ (im Sinne davon, dass er Teil dieses größeren Wahrheitsprozesses bleibt). Diese Umstellung erfolgt schlagartig als Reaktion auf eine bis dahin völlig unvorhergesehene Situation und ist nicht das Ergebnis der endlosen ironisch-kritischen Auseinandersetzung mit Diskursen wie in der Postmoderne. Bei Sloterdijk ist die Technik der gegenseitigen Vertrauenseinhauchung eng mit religiösen bzw. theologischen Welterklärungen verknüpft. Die Sphärenbildung, die z.B. durch die Erschaffung des Menschen als Ebenbild Gottes kulturhistorisch angezeigt wird, ist daher keine bloße Finte, die institutionelles Machtstreben verdeckt. Vielmehr ist „Gott" die legitime theologische Bezeichnung für den Vorgang der gegenseitigen Beseelung, die wiederum ermöglicht, dass der Mensch als Kulturwesen überhaupt zustande kommt. In der überschwänglichen Sprache Sloterdijks heißt es, „Gott ist eine Ekstase des Kompetenzgedankens, der die Hervorbringung der Welt und der ihr eingeformten Subjektivitäten erfasst". (*Sphären* I, 38) Seine Sphärologie, so Sloterdijk, „ist der Versuch, die Perle aus der theologischen Muschel zu befreien". (Sphären I, 54)

All die oben genannten philosophischen Vorstellungen weisen Bezugsgrößen auf, die auch dem Performatismus eigen sind. Wichtig in all diesen Fällen ist der Fokus auf intuitive, nicht auf diskursive Verständigung. Die Möglichkeit, diskursive Fremdbestimmung auszuschalten, eröffnet wiederum bestimmte Möglichkeiten, die das menschliche Subjekt in der Postmoderne nicht hat. So kann es sich dank der Trennung vom Einfluss der Diskurse um sich herum absondern und die eigene Subjektivität festigen. Diese getrennte oder abgesonderte Subjektivität wird in der Regel erst dann in Verbindung mit einem zweiten Subjekt fruchtbar (im Sinne von Sloterdijks „Sphäre“) oder durch die Einnahme einer standhaften, an eine bestimmte Wahrheit gebundene Position. Wichtig ist, dass solche getrennten Subjekte nicht bloß in einem durch Konvention geprägten Dasein verharren. Vielmehr sollen sie im Sinne von Badious Wahrheitsprozess über sich selbst hinauswachsen oder im Sinne von Gans Gewalt aufschieben und Ressentiments verringern. Vor allem Badious Ethik stellt die Möglichkeit des tatkräftigen Eintretens für einen radikal erneuernden Wahrheitsprozess heraus.

Dabei spielt in allen drei Systemen der Glaube oder Vertrauen eine zentrale Rolle. Bei Gans ruht jede ostensive Zeichensetzung auf einem intuitiven Vertrauen in einen anderen, bei Badiou ist der Glaube an einen durch ein Ereignis hervorgerufenen Wahrheitsprozess entscheidend, und bei Sloterdijk ergibt sich Glaube aus dem dyadischen Zusammenschluss von Innerlichkeit in der „Sphäre“ oder „Blase“. All die genannten Haltungen richten sich nach dem Sein und nicht nach der Darstellung des Seins durch Zeichen (wie in der Postmoderne). In allen drei Fällen findet eine durch die Intuition angeregte Verklammerung von Dingwelt und menschlichem Wesen statt. Gans nennt dies eine „Urszene“ („originary scene“), Badiou ein „Ereignis“ und Sloterdijk eine „Sphäre“. Diese Spielarten von Rahmung wirken deshalb so intensiv, weil sie eine abgeschlossene Einheit bilden, die ihre ganze Wirkungskraft performativ oder mimetisch auf andere überträgt. Im Unterschied zur Postmoderne, in der man allen neuen Erscheinungen mit kritischer Distanz begegnet, wird man im Performatismus geradezu aufgefordert, die neue Haltung nachzuahmen. In allen Fällen hat diese Rahmung entweder eine kulturerneuernde oder eine ethische Funktion.

Diese fünf philosophisch untermauerten Bezugsgrößen – Intuition, Transzendenz, Glaube, Seinsbezogenheit und ganzheitliche Rahmung – lassen sich immer wieder in performatistischen Erzähltexten und Filmen beobachten (und so gut wie nie in postmodernen). Wie in allen solchen Fällen, wenn man Philosophie auf erzählende Gattungen anwendet, kommt es selten zur konsequenten Verwirklichung eines bestimmten Denksystems in einem bestimmten Werk. Dennoch können diese philosophischen Ansätze häufig helfen, Teilaspekte dieser Werke besser zu verstehen.

Der Mensch als technisch bestimmtes Wesen, das gleichzeitig nach Transzendenz und nach „bipolarer Intimität" strebt, wird in J.C. Chandors Film *All Is Lost* (USA 2013) eindrucksvoll dargestellt. Der Film gehört zum Genre des Survival-Films, das bereits im zweiten Kapitel angesprochen wurde. Hier werden räumlich beengte Menschen existenziellen Extremsituationen ausgesetzt, in denen es um Sein oder Nicht-Sein (und um einiges mehr) geht. Im Falle von *All is Lost* ist der Held ein einsamer Weltensegler, dessen Segelboot auf einen treibenden Container aufläuft und schwer beschädigt wird (dabei wird auch der Funkkontakt mit der Außenwelt unterbrochen). Der Film handelt ausschließlich von den überaus geschickten und hartnäckigen Versuchen des Helden, das havarierte Schiff zu flicken, wobei immer neue Probleme seine Reparaturversuche vereiteln. Schließlich wird er gezwungen, das sinkende Schiff zu verlassen und treibt in einem notdürftig ausgestatteten Rettungsboot durch den Pazifik. Als auch diese Rettungsmöglichkeit fehlschlägt, springt er verzweifelt ins Wasser. Im Sinken sieht er, wie sich ihm ein Boot mit Suchlicht nähert. Als er mit allen Kräften schwimmend hinauf strebt, wird ihm eine rettende Hand entgegengestreckt. Daraufhin wird die Leinwand weiß. Man weiß nicht, ob er halluziniert und stirbt oder ob er gerettet wird.

Im Unterschied zu anderen „Survival-Filmen", in denen sich Zweierbeziehungen innerhalb der Handlung als notwendig zum Überleben erweisen, bleibt der Held völlig auf sich selbst gestellt. Wichtig in diesem Zusammenhang ist deshalb umso mehr die „intime", bipolare Verbindung des namenlosen Helden mit dem Zuschauer per Flaschenpost. In seiner Flaschenbotschaft, die uns als Zuschauern am Anfang des Films außerhalb des eigentlichen Handlungsrahmens präsentiert wird, entschuldigt sich der Protagonist bei einem namenlosen Adressaten für seine Verfehlungen („Ich versuchte treu zu sein, stark zu sein, liebenswürdig zu sein, zu lieben, Recht zu tun. Aber ich habe es nicht geschafft"). Und er fährt fort: „Alles ist verloren … außer Seele und Körper ... oder vielmehr das, was von ihnen übrig bleibt". Der Film schafft somit zwei Arten von Identifikation, die für den performatistischen Erzählaufbau typisch sind. Zunächst identifiziert man sich menschlich oder psychologisch mit dem technischen Geschick und mit der Geduld, mit denen der Held seinem Schicksal trotzt – das, was ich innere Rahmung nenne. Darüber hinaus gibt es aber auch eine äußere Rahmung, die uns geradezu dazu zwingt, eine Art „göttliches" Bündnis mit dem Helden einzugehen. Als (machtlose) Mitadressaten der Flaschenpost befinden wir uns in der Position eines antiken Schutzgottes oder *observator*, der für ein Einzelleben zuständig ist (Sloterdijk beschreibt dies bei seiner kulturhistorischen Aufarbeitung von Zweierbeziehungen in *Sphären* I, 423).

Diese doppelte Rahmung baut dann ein drittes Identifikationsmoment auf, das mit der Rettung bzw. mit dem Tod des Protagonisten endet. Hier suggeriert die weiße Abblende am Ende des Films so oder so einen positiven, erlösenden Ausgang. Dabei kommt man als Zuschauer kaum umhin, an die unwahrscheinliche Rettung des tapferen und erfinderischen Helden glauben zu wollen. Interessant dabei ist ferner, dass der Film keinen Dialog und so gut wie keine Sprache (bis auf einige Schimpfworte des Protagonisten) in der Handlung enthält. Lediglich in der quasisakralen Flaschenpost-Beichte des Helden haben wir es mit einem Diskurs im engeren Sinne zu tun, doch dieser Diskurs bleibt losgelöst von jeglichem Kontext. Der Film macht uns mit anderen Worten ein Transzendenzangebot, das unterstellt, dass nicht alles verloren ist (das theologische Angebot), oder es zeigt uns zumindest, warum wir nicht wollen können, *dass* alles verloren ist (das anthropologische Angebot). Weil der „göttliche" Filmautor uns eine eindeutige Lösung vorenthält, oszilliert man als Zuschauer endlos zwischen diesen zwei Möglichkeiten. Allerdings erweist sich dieses Oszillieren nicht als ironische Sackgasse, sondern als Quelle der Hoffnung, denn es geht – zumindest im Rahmen des Gesamtfilms – eigentlich nichts verloren.

Ein Fall von psychischer und nicht physischer Trennung von der Welt findet man in Mark Haddons populärem

Roman *Supergute Tage oder die sonderbare Welt des Christopher Boone* (*The Curious Incident of the Dog in the Night-time*, 2003). Der Held und Ich-Erzähler ist ein fünfzehnjähriger Junge, der am Asperger-Syndrom leidet und kommunikativ in sich selbst eingeschlossen ist. Christopher hat z.B. Schwierigkeiten, Empathie mit anderen zu empfinden oder Blickkontakt zu anderen herzustellen, und er hat ebenfalls Probleme, Metaphern, Slang, Paradoxie, Ironie und Humor zu verstehen – also sprachliche Formen, die von der buchstäblichen Wiedergabe einer Sache abweichen. Sein Leben organisiert er nach starren Mustern und Riten, mit denen er störende Einflüsse von außen ausschalten kann. Wenn diese Einflüsse allzu überwältigend werden, reagiert er mit Schreien, Stöhnen oder mit physischen Angriffen auf Personen, die ihn vermeintlich bedrohen. Christoph ist einer der für den Performatismus typischen getrennten oder „närrischen" Helden, weil er an seinem eigenen unmittelbar zugänglichen Seinszustand orientiert bleibt und weil Diskurse von außen ihm wenig anhaben können. Dieser getrennte Zustand ist wohlgemerkt keineswegs ideal, bietet aber einen Ausgangspunkt für Handlungen, die sich wegen ihrer inneren Konsequenz produktiv auf andere auswirken.

Christopher beginnt, etwas aus sich selbst herauszugehen, als er entdeckt, dass der Hund der Nachbarin mit einer Mistgabel erstochen wurde. Daraufhin beschließt er, in der Manier von Sherlock Holmes, den Mörder zu finden. Weil er große Schwierigkeiten hat, mit anderen Menschen sozial umzugehen, erzeugt diese Suche peinliche Situationen für seinen Vater, der eine Liebesbeziehung zur Besitzerin des Hunds, Frau Shears, pflegt. Als der Vater die Suche unterbinden will, entdeckt Christopher Briefe von seiner angeblich gestorbenen Mutter, die belegen, dass die Mutter sich vom Vater getrennt hat und mit Herrn Shears in London lebt. Wie es sich herausstellt, hat der Vater die Briefe vor Christopher versteckt und den Hund getötet, nachdem die Beziehung zu Frau Shears in die Brüche gegangen ist. Daraufhin beschließt Christopher, den Vater zu verlassen und nach London zu fahren, um mit der Mutter zu leben. Die kurze Zugfahrt dahin erweist sich als sehr beschwerlich, weil Christopher an Angst vor fremden Menschen und Situationen leidet. Durch Geschick, Willenskraft und etwas Glück gelangt Christopher an sein Ziel. Dort führt sein unerwartetes Erscheinen dazu, dass sich die Mutter von Herrn Shears trennt. Christopher und seine Mutter kehren daraufhin in ihre Heimatstadt Swindon zurück, wo Christopher beginnt, sich mit dem Vater zu versöhnen.

Diese knappe Zusammenfassung der Handlung lässt zunächst nicht auf Transzendenz als eine zentrale Fragestellung des Romans schließen. Dieses Problem ist aber bereits in Christophers Namen angelegt, der auf Griechisch „derjenige, der Christos trägt" bedeutet. Christopher, der wegen seiner buchstabengetreuen Auffassung der Welt nicht nur übertragene Bedeutungen ablehnt, sondern auch die Existenz Gottes verneint, schreibt:

> Mutter hat immer gesagt, Christopher sei ein schöner Name, weil es in seiner Geschichte um Freundlichkeit und Hilfsbereitschaft geht, aber ich will gar nicht, dass mein Name für eine Geschichte über Freundlichkeit und

> Hilfsbereitschaft steht. Ich will, dass mein Name für mich steht. (28)

Die offensichtliche Ironie dieser Situation besteht darin, dass der atheistische Christopher, in seiner Bemühung nur „er selbst zu sein", ausgeprägte christologische Eigenschaften aufweist. Nicht nur gelingt es ihm, seine Mutter von den Toten auferstehen zu lassen – ein wahres Wunder im biblischen Sinne –, sondern er zwingt seine entfremdeten Eltern durch die sture Konsequenz seines Handelns ihm und einander wieder näher zu kommen.

Dieses Handeln wird durch den Erzählaufbau des Romans noch ein weiteres Mal bestärkt. Die innere Rahmung des Romans entspricht zunächst Christophers Asperger-Syndrom – einem dysfunktionalen Zustand, der Christopher empfindlich einschränkt, ihn aber als konsequent und einheitlich erscheinen lässt. Dieser Zustand wird durch Christophers Erzählweise ironisch intensiviert (wir sind uns seiner sozialen Beschränktheit sehr bewusst, während er sie nur von innen her erahnen kann). Diese Beschränktheit – die innere Rahmung – führt ihn auf eine Suche, die für ihn auch erfolgreich endet: Die äußere Rahmung sorgt für ein erträgliches, wenn auch nicht völlig glückliches Ende. Diese Einheit und Abgeschlossenheit der inneren und äußeren Rahmung wird aber von Christopher und dem Leser auf sehr unterschiedliche Art und Weise erfahren. Während Christopher sie ausschließlich buchstäblich nehmen kann, empfinden wir sie als Leser metaphorisch und paradoxal, und zwar als eine Geschichte, die zeigt, wie jemand ohne jegliches Mitgefühl uns dazu bringen kann, mit *ihm* mitzufühlen.

Diese metaphorische Leseart (der wir uns kaum entziehen können) hat aber eine betont theologische Pointe, die vom Autor bewusst gesetzt wird. Dies zeigt sich in der Szene, als Christopher am Ende des Romans seine Mathe-Zulassungsprüfung für die Universität schreibt. Der Beisitzer ist ein gewisser Pfarrer Peters, der während des Examens *Nachfolge*, ein 1937 erschienenes Buch des Theologen Dietrich Bonhoeffer liest (dies wird von Christopher zweimal erwähnt). Eine der provokanten Thesen, die Bonhoeffer vorbringt, besagt, dass der Ruf Christi den Nachfolger zu einer radikalen Trennung von anderen Menschen führe: „Christus will den Menschen einsam machen, er soll nichts sehen als den, der ihn rief". (87) Und: "Christus hat den Menschen aus seiner Unmittelbarkeit zur Welt gelöst und in die Unmittelbarkeit zu sich selbst gestellt". Der große Unterschied hier ist natürlich, dass Christus als Vermittler „nicht nur zwischen Gott und Mensch, sondern auch zwischen Mensch und Mensch, zwischen Mensch und Wirklichkeit" agiert. (88)

Vor diesem Hintergrund erscheint Christopher als jemand, der – wie Christus – es nicht nötig hat, irgendjemanden nachzuahmen. Indem Christopher seiner merkwürdigen Art der inneren Logik „folgt", zwingt er seine Eltern dazu, ihm gegenüber ehrlich aufzutreten, d.h. ihm die buchstäbliche Wahrheit zu sagen und seinem idiosynkratischen Sprachverständnis gerecht zu werden. Christopher „trägt sich selbst", und zwar in dem Sinne, dass er es fertigbringt, ohne einen Vermittler mit einer schwierigen

Situation zurechtzukommen. Im Grunde wird er selbst zum Vermittler für andere: einerseits für seine Eltern und andererseits für die Leser, die sich trotz ihrer besser entwickelten sozialen und sprachlichen Fähigkeiten mit ihm identifizieren. Sowohl innerhalb Christophers eigener Perspektive als auch innerhalb des erweiterten Bewusstseinshorizonts des Lesers kann man sogar behaupten, dass Christopher schließlich „allmächtig“ wird. So lauten die letzten Worte des Buches wie folgt:

> Ich weiß, dass ich das schaffe [ein Wissenschaftler zu werden], weil ich tapfer war, ganz allein nach London gefahren bin und das Rätsel *Wer hat Wellington umgebracht?* gelöst habe. Außerdem habe ich meine Mutter gefunden und ein Buch geschrieben, und das heißt, dass ich alles schaffen kann. (279)

Christopher erfährt zwar keine innere psychische Entwicklung im üblichen Sinne (er bleibt auf seine Weise naiv), aber sozial und erzähltechnisch gesehen ist er gottesähnlich geworden. Denn er kann in beiden Zusammenhängen „alles schaffen" – hier seine Eltern einander näher bringen, dort den Leser an einem Akt der Glaubensübertragung beteiligen, dem er sich schwerlich entziehen kann. Trotz der massiven Ironie, die seine Erzählung begleitet, wird er von dieser Ironie nicht herabgesetzt, sondern im Gegenteil noch erhöht.

Wie etliche andere Helden und Heldinnen des Performatismus ist Christopher eine Art Narr – jemand mit beschränkten geistigen Fähigkeiten, der sich am Rande der Gesellschaft bewegt und sich jener Gesellschaft durch seine Einfalt doch als Vorbild empfiehlt (der klassische und vielleicht auch frühste performatistische Protagonist dieser Art ist der gleichnamige Held von *Forrest Gump* [1994], der fortlaufend in die große Geschichte eingreift, ohne sich dessen bewusst zu sein). Umgekehrt findet man im Performatismus auch den Typus des Genies, das die Gesellschaft intellektuell überragt, aber aufgrund bestimmter anderer Eigenschaften sozial stark eingeschränkt ist.

Geniale performatistische Helden findet man in Romanen wie Ian McEwans *Saturday* (2005) und David Foster Wallaces *Unendlicher Spaß* (*Infinite Jest*, 1996) oder in Filmen wie *Good Will Hunting* (1997), *A Beautiful Mind – Genie und Wahnsinn* (2001) oder *The Imitation Game* (2015). Das vielleicht beste Beispiel für ein beschränktes performatistisches Genies ist jedoch die Darstellung des an der Motor-Neuron-Erkrankung leidenden Physikers Stephen Hawking in *Die Entdeckung der Unendlichkeit* (*The Theory of Everything*, 2014).

Der Grundkonflikt des Films besteht darin, dass der atheistische Physiker Hawking, der nach einer „einheitlichen Gleichung" sucht, „die das ganze Universum erklärt", mit einer gläubigen Anglikanerin liiert (und später verheiratet) ist. Wegen seiner mehrfach erwiesenen Genialität scheint Hawking wohl auch sehr kurz davor zu sein, diese einheitliche Lösung zu finden. Allerdings wird er als junger Mann von der heimtückischen Motor-Neuron-Erkrankung heimgesucht, die seine Muskeln lähmt, ihn an einen Rollstuhl fesselt und ihn schließlich der Sprache beraubt. Jane, seine Frau, reagiert auf dieses Unglück mit Liebe und Willenskraft, die durch ihren festen Gottesglauben verstärkt werden. Hawking bleibt zwar aufgrund seiner wissenschaftlichen Einstellung ungläubig und skeptisch, verwandelt aber seine kosmologische Theorie von einer modernen (in der er den Anfang des Universums schlüssig erklärt) in eine postmoderne, in der „Gott sterben muss", weil zwei inkommensurable – also miteinander nicht versöhnbare – Systeme im Universum nebeneinander existieren. Das Universum wird somit zum „gottlosen Chaos" und landet „im Arsch", wie er sagt, weil es (wie die Postmoderne) plural gestaltet ist, keine Grenzen hat und keiner einheitlichen Ordnung unterliegt. Hawkings Gleichung – sollte er sie finden –, würde Gott als eine vom Anfang an alles beherrschende Ordnungsinstanz obsolet machen.

Der Film selbst spielt allerdings mehr oder weniger offen mit der Vorstellung, dass jener persönliche oder theurgische Gott, dem Hawking die Existenz abspricht, es wegen seines wissenschaftlichen Hochmutes gerade auf ihn abgesehen hat. So wird Hawking beim ersten Anfall der Krankheit buchstäblich durch die auktorial geführte, „göttliche" Kamera ins Fadenkreuz genommen (Abb. 1). Ähnliches geschieht bei seiner lebensrettenden Tracheotomie, als ein Arzt ein Kreuz auf seine Kehle zeichnet (Abb. 2). Hier macht sich das klassische Problem der Kontingenz bemerkbar, das in Kapitel 2 bereits angesprochen wurde. Einerseits haben wir den persönlichen Gott, der in das menschliche Leben mal so und mal so eingreift, andererseits das trostlose Chaos, das sich wissenschaftlich begreifen lässt – oder eben auch nicht. Der Film lässt demgemäß zunächst einmal offen, welche Lösung vorzuziehen ist.

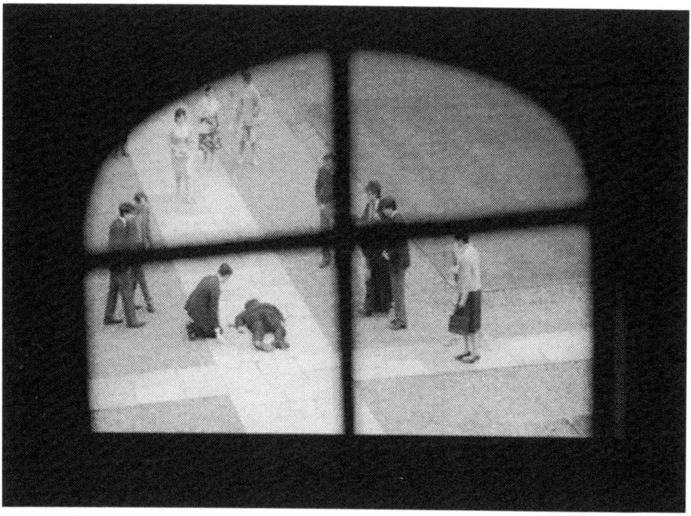

Abb. 1

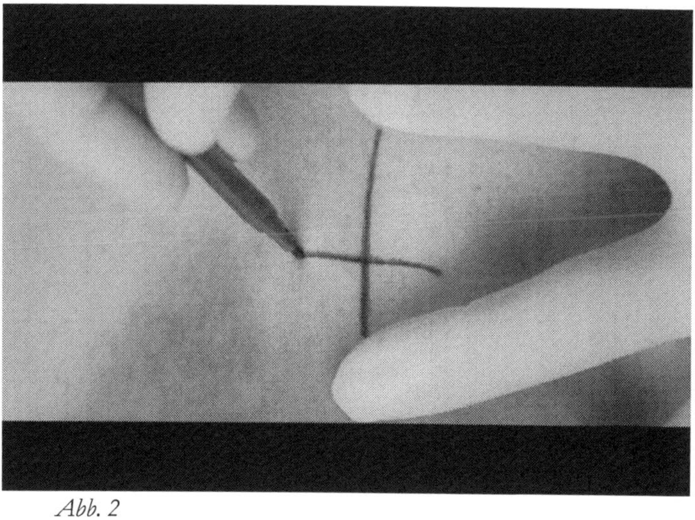

Abb. 2

Hawking weicht zwar nicht von seinem Atheismus ab, wechselt aber gegen Ende des Films zu einer Erklärung des Universums, die man durchaus als performatistisch bezeichnen kann, weil sie das Kosmische und das Menschliche miteinander verklammert. So kommt es bei einem öffentlichen Vortrag kurz vor Ende des Films zu einer für den Performatismus typischen Verschmelzung einer auktorialen und einer persönlichen Perspektive. Gerade als ein Zuhörer Hawking wegen seines fehlenden Gottesglaubens befragt, sieht der gelähmte Hawking, wie der Stift einer Zuhörerin zufällig zu Boden fällt. Langsam und unbeholfen steht er auf, geht zu der Zuhörerin hinüber, hebt den Stift auf, und reicht ihn der Frau. Diese Szene wird von der Kamera als objektiv von allen wahrnehmbarer Vorgang gezeigt, geschieht aber offensichtlich nur in Hawkings Einbildung. Diese eingebildete Transzendenz ist nichts anderes als eine Projektion – aber eine, die man einige Sekunden lang glaubt oder zumindest gerne glauben möchte. Auf die Frage hin, was seine Lebensphilosophie denn sei, wenn er nicht an Gott glaube, antwortet Hawking zunächst mit der uns bekannten These von der Unbegrenztheit des Universums. Allerdings fügt er hinzu, dass „auch das menschliche Streben keine Grenzen kennen sollte“. Und er ergänzt: „Wie schlimm das Leben auch sein mag, kann man immer etwas tun, um etwas zu erreichen. Wo Leben ist, ist auch Hoffnung“. Die Verbindung des Kosmischen mit dem Menschlichen führt stillschweigend zurück in eine ganzheitliche, Trost spendende, quasireligiöse Haltung. Diese wird von Hawkins natürlich nicht direkt als solche gekennzeichnet, wird aber vom Film als menschlich universal geltungsfähig gezeigt (das zutiefst gerührte Publikum steht in unisono auf und klatsch begeistert Beifall). Schließlich setzt der Film einen eigenen transzendenten Akzent am Ende, als die ganze Handlung im Schnellverfahren bis zur ersten Begegnung der zwei Liebenden im Rückwärtsgang gezeigt wird; am Ende (bzw. am Anfang) wird ein Bild des ganzen Solarsystems eingeblendet. In der Kunst, so scheint es, findet Hawking jenes Heil, das ihm im Leben nicht vergönnt war.

Die performatistische Wende ist auch mit einer grundsätzlichen Verschiebung im ethischen Denken verbunden. Für die postmoderne Ethik (vertreten durch Denker wie Jacques Derrida, Richard Rorty, Michel Foucault oder Zygmunt Baumann) ist das Problem der Ausgrenzung des Anderen zentral. Diese Ausgrenzung geht wiederum von einem Machtzentrum aus, das die eigenen Herrschaftsmechanismen diskursiv verschleiert und gleichzeitig als allgemeingültig oder natürlich darzustellen versucht. Gegen diese herrschaftsstützenden Mechanismen richten sich sämtliche kritischen Strategien der postmodernen Ethik. So begreift man das ethische Subjekt in erster Linie als ein peripheres Opfer (als „subaltern" oder als Mitglied einer sprachlosen, unterdrückten Minderheit) und betreibt eine scharfe Kritik an den herrschenden Diskursen und deren Totalitätsansprüchen. Obwohl politisch weitgehend ohnmächtig, besetzt der ausgegrenzte Andere einen Ort, von dem aus man die Verschleierungstaktiken des Zentrums kritisch aufdecken kann. Postmoderne Ethik ist eine *Positionierungsethik*, die sich an der prekären Randlage des ausgegrenzten Subjekts orientiert.

In der Ethik des Performatismus kippt diese Haltung: Die Ethik bildet sich wieder von einem Zentrum her aus. Grund dafür ist, dass Zentren durch formal begründete Sakralisierungsvorgänge wieder positiv besetzt werden können. Bevölkert werden diese Zentren von den getrennten oder abgekapselten Subjekten des Performatismus, die aufgrund ihrer Undurchsichtigkeit formal immer transzendenzverdächtig und daher nachahmungswürdig sind. Nicht die endlose erkenntnistheoretische Kritik am Zentrum ist jetzt das Ziel, sondern die Bildung von Gegenzentren, die andere zur Nachahmung anstiften (und dabei nicht unbedingt auf Diskurse angewiesen sind). Auf diese Weise wird aus der Opferethik der Postmoderne eine *Täterethik*: Die ethischen Subjekte, die sakral geladene Zentren bilden und darin verharren, neigen durch diese Haltung dazu, durch ihre Beharrlichkeit Unruhe zu stiften oder anderen um sie herum auf die Füßen zu treten. Ein gutes Beispiel dafür ist Amélie aus dem gleichnamigen Film. Angespornt durch den Tod einer charismatischen Persönlichkeit (Lady Di) beginnt Amélie Gott zu spielen und die Menschen um sie herum insgeheim zu belohnen oder zu bestrafen – etwas, was notwendigerweise mit Betrug und in einem Fall mit einem Hauseinbruch verbunden ist. Ein gewalttätiges Beispiel dieser Täterethik ist Quentin Tarantinos Film *Inglorious Basterds* (2009), in dem Juden – die in Darstellungen des Zweiten Weltkrieges normalerweise einen Opferstatus haben – zu Tätern werden, die sich an den Nazis rächen (Rache ist wohlgemerkt eine mimetische Urhandlung, die auf das Schema „so-du-mir-so-ich-dir“ zurückgeht und keiner besonderen diskursiven

Begründung bedarf). Auch die ethische Philosophie von Alain Badiou, die in Kapitel 2 kurz vorgestellt wurde, hat tendenziell die Grundstruktur einer Täterethik. Aus einer bestimmten konventionellen Situation heraus kommt etwas auf, was eine Neuordnung durch die Besetzung einer bis dahin unbekannten „Leerstelle" in der jeweiligen Situation verlangt. Diese ethische Haltung besteht wiederum in der Treue zu einem Wahrheitsprozess, der für Badiou immer von Radikalität geprägt und ausdrücklich nicht mit einem Gewaltverzicht verbunden ist.

Insgesamt lässt sich die neue ethische Schwerpunktsetzung im Performatismus auf vier Kerneigenschaften reduzieren, die in der kulturellen Praxis natürlich nicht immer völlig gleichwertig auftreten: (1) biosoziale Trennung, (2) Performanz, (3) Mimesis und (4) Transzendenz.

Das erste Merkmal ist die Ausrichtung auf Innerlichkeit und Trennung des ethischen Subjekts. Speziell hat man es hier mit einer *biosozialen Trennung* zu tun. Der performatistische Mensch ist zunächst durch irgendeinen halbnatürlichen, halbkulturell bedingten Umstand (wie beispielsweise Asperger-Syndrom, ein Schiffbruch oder übertriebene Schüchternheit) von der gesellschaftlichen Umgebung abgekoppelt und kann diese Trennung nicht diskursiv ausgleichen. Findet eine ethische Handlung aus dieser Trennung heraus statt, geschieht dies als *Performanz* oder als *aktive Handlung*, die das ethische Subjekt als potenziell neues Zentrum etabliert und andere nachhaltig zur Nachahmung anregt. Damit werden ethische Haltungen in erster Linie durch *Mimesis* oder *Nachahmung* und nicht durch Diskurse vermittelt. Üblicherweise wird die ethische

Handlung mit Bezug auf *eine transzendente Quelle* begründet, die jenseits der üblichen Kontingenzzusammenhänge liegt. Hier geht es nicht um das Vorbringen von handfesten Gottesbeweisen, sondern vielmehr um die ästhetisch vermittelte Unterstellung, dass es eine solche Quelle geben *könnte.* Häufig wird diese „göttliche" Position vom Autor vertreten, der die Möglichkeit der Transzendenz dem Leser oder Zuschauer mit erzähltechnischen Mitteln innerhalb des Werkes formal aufzwingt.

Ein besonders aufschlussreiches Beispiel der performatistischen Ethik ist die Fernsehreihe *Dexter* (2006-2013). Dexter ist deshalb interessant, weil es sich um eine Figur handelt, die zunächst das reine Böse zu verkörpern scheint. Dexter ist nämlich ein Soziopath und Serienmörder, der durch einen Nachahmungseffekt dazu geworden ist: Als er sehr klein war, musste er zuschauen, wie seine Mutter von Drogenhändlern blutig umgebracht wurde. Sein Ziehvater, ein Polizist namens Harry, erkennt Dexters Charakter, als dieser noch ein Jugendlicher ist, und bringt ihm bei, nur andere Mörder zu ermorden. Von nun an folgt Dexter – mehr oder minder konsequent – „Harrys Kodex", der eigentlich nur aus zwei Prinzipien besteht: nur andere Mörder ermorden und der Öffentlichkeit ein nicht vorhandenes emotionales Innenleben vortäuschen, damit Dexter nicht auffällt. Da Dexter bei der forensischen Abteilung der Polizei arbeitet, verfügt er über reichhaltige Möglichkeiten, von der Justiz übersehene Mörder zu überführen und selbst zu richten. Dies macht er auf rituelle Art und Weise, wobei er diese Tätigkeit immer wieder wortwörtlich mit „Kunst" in Verbindung bringt.

Diese zunächst nicht besonders sympathische Gestalt wird allerdings mit Eigenschaften ausgestattet, die doch eine Identifikation ermöglichen (die *Dexter*-Reihe hatte während ihrer Laufzeit eine große Fangemeinschaft, die sich keineswegs nur an irgendwelchen Rache- und Mordfantasien ergötzten). Dexter ist aufgrund seiner besonderen Situation vom normalen menschlichen Diskurs völlig abgekapselt (er kann über sein „wahres Selbst" nur mit seinen Opfern reden, die diese Gespräche schließlich nicht überleben). Dexter aber erzählt ständig aus dem Off, sodass wir als Zuschauer zunächst durch einen auktorialen Kunstgriff zu Mitwissern werden. Weil Dexter außerhalb des normalen menschlichen Diskurses operiert, kann man ihn nur anhand von spezifischen Handlungen oder Performanzen beurteilen. Er kann als Quasi-Gott morden oder nicht morden, und er kann ebenfalls von außen in das Leben anderer eingreifen. Hilfreich bei der Identifikationsstiftung ist auch, dass der ansonsten kaltblütige Dexter Kinder mag und schätzt (sein mimetisches Trauma erfuhr er schließlich selbst als Kind). Dies ermöglicht eine mehr oder weniger normale Beziehung zu seiner Freundin Rita, die ebenfalls (aus anderen Gründen) schwer traumatisiert und beziehungsscheu ist. So wird aus zwei bindungsunfähigen Menschen trotzdem ein Paar – hier vollzieht sich ein kleiner Akt der performatistischen Alltagstranszendenz.

Dexter scheint zunächst in einer unendlichen, immanenten Falle gefangen zu sein; dazu ist er überdies bekennender Atheist. Allerdings ist seine Grundsituation sehr eindeutig durch die Wirkung eines persönlichen Ersatzgottes geprägt, und zwar durch den Ziehvater Harry.

Harry, der zur Zeit der Handlung nicht mehr am Leben ist, erscheint Dexter während der Filmerzählung immer wieder als eine Art höheres Wesen oder Gewissen, mit dem Dexter ethische Zwiegespräche führt. Harry selbst schwebte allerdings keineswegs über den Dingen: er hatte ein Verhältnis mit Dexters Mutter, die eine von ihm geführte Polizeiinformantin war, und war indirekt in die Umstände ihres Todes verwickelt. Dennoch beschließt Dexter, sich an den „Kodex von Harry" zu halten, weil dieser *funktioniert*. Der Kodex ist zwar letzten Endes bloß eine Projektion, er erfüllt aber eine soziale Funktion, die Dexter ein einigermaßen erträgliches Leben ermöglicht.

Doch auch der Gesamtaufbau der Serie lässt sich mit einer theologischen Grundfrage in Verbindung bringen. Auch wenn Dexter nicht an Gott glaubt, ist er häufig auf das Glück angewiesen, um sich aus verzwickten Situationen zu befreien. Somit hängt sein Überleben von etwas ab, das jenseits unserer und seiner Alltagskenntnis liegt. Und in der Tat: Wollten wir uns Gott so vorstellen, wie dies uns die Serie nahe legt, dann müsste er das positive Spiegelbild von Dexter sein – eine völlig getrennte, dem normalen Verstand unzugängliche Person, die uns etwas anhand von Performanzen oder Handlungen zeigt und nicht mittels Diskursen. Denn nur ein solcher Gott könnte Dexter aus seiner scheinbar ausweglosen Lage befreien. In einem bestimmten Sinne hat Dexter, der am allerwenigsten auf Erlösung hoffen dürfte, einen privilegierten metaphysischen Status: Wenn *er* erlöst werden kann, kann *jedem* diese Erlösung zuteilwerden. Gott wäre seinerseits jene Instanz, die es Dexter ermöglichen würde, seinen misslichen, nicht selbstverschuldeten biosozialen Zustand zu transzendieren. Die Serie versucht nicht ausdrücklich zu „beweisen", dass es einen solchen Gott gibt, aber der Spannungsaufbau der Serie unterstützt unser intuitives Gefühl, dass eine solche Überwindung möglich wäre.

Wichtig für die ethische und metaphysische Identifikation mit Dexter ist auch das ästhetische Moment. Dies macht sich am deutlichsten bemerkbar im Vorspann, indem man gewissermaßen gezwungen wird, sich mit den sinnlichen Aspekten von Dexters Morgenablauf zu identifizieren. So sieht man in bunten Detailaufnahmen, wie er eine mit Blut vollgesaugten Stechmücke erschlägt, wie er eine Blutorange ausquetscht, wie er ein leichentuchartiges Unterhemd anzieht, wie er Fleisch zerschneidet usw. Diese sinnlichen, schönen Bilder spielen direkt auf Dexters Mordritus an: Er tötet nur Bösewichter, lässt ihr Blut danach abfließen, wickelt sie in Plastikfolie, zersticht und zersägt sie usw. Dexters getrennter Zustand – der diskursiv betrachtet unerträglich ist – wird somit durch den Autor der Serie visuell anziehend gemacht. Diese ästhetische Identifikation lässt Dexter nicht als „gut" erscheinen, aber es führt seine Handlungen auf eine sinnliche, intuitive Ebene zurück, die wir *alle* teilen und mit der wir uns alle trotz besseren Wissens identifizieren. Wenn Dexter (3. Staffel, 6. Episode) sagt, seine Einsamkeit sei eine „Kunstform", dann drückt er dadurch einen wichtigen performatistischen Grundsatz aus. Denn in der neuen Epoche ist der ästhetische Raum gleichermaßen wichtig wie der ethische – sie liegen in der menschlichen Urerfahrung eng beieinander –, aber sie sind nicht ursächlich miteinander verbunden (das Gute ist nicht das Schöne, das Böse ist nicht das Hässliche, und das Schöne ist nicht Schein, der entlarvt werden muss). Ethik und Ästhetik sind allerdings beide *per formam* – durch die Form hindurch – erfahrbar, und *Dexter* benutzt diese anthropologische Gemeinsamkeit, damit wir einem „unmöglichen" Helden unseren Glauben schenken.

Der performatistische Mensch, ob im Guten oder im Bösen, ob einfältig, klug oder genial, ist anders als der Mensch der Postmoderne oder der Moderne. Diese Andersartigkeit lässt sich im Wesentlichen auf die (vorläufige) Trennung oder Abkapselung des Menschen von seiner Umwelt zurückführen. Durch diese Abtrennung bildet sich rein formal ein undurchsichtiger psychischer Innenraum, der keine besonderen Merkmale aufzuweisen braucht (auch deshalb gibt es keine Wiederkehr des traditionellen Humanismus, der einen Menschen mit einem reichlich ausgestatteten Innenleben voraussetzt). Diese Trennung hat mehrere Folgen. Zum einen weckt die bloße Tatsache, dass es diesen undurchsichtigen Innenraum gibt, einen Verdacht auf Transzendenz (denn was sich diskursiv nicht erklären lässt, ist zumindest potentiell nicht von dieser Welt). Zum anderen gefährdet sie aber das getrennte menschliche Subjekt, weil es zugleich als Projektionsfläche für die Ängste der Umgebung dient: Ein solches Subjekt wird potenziell immer zum Sündenbock. Entscheidend ist daher die Fähigkeit, erfolgreiche Performanzen durchzuführen, die seine „Kapselwand" überwinden. Diese bestehen in der Regel darin, Zweierbeziehungen mit anderen einzugehen oder andere durch Nachahmung auf seine

Seite zu ziehen. Schließlich muss diese Transzendenzbewegung des getrennten Subjekts über sich selbst hinaus durch die auktoriale Hand, die das Kunstwerk formt, gezielt unterstützt werden. In den hier angeführten Beispielen kommt diese doppelte Rahmung deutlich zur Geltung. So wird in *All Is Lost* der einsame Weltensegler buchstäblich durch eine helfende Hand erlöst und seine Flaschenpost mit auktorialer Hilfe an den Zuschauer weiter vermittelt, in *Supergute Tage* wird Christopher zum Träger einer charismatischen christlichen Haltung, die er selbst ablehnt, in *Entdeckung der Unendlichkeit* wird Stephen Hawking zum Vermittler einer ganzheitlichen, quasigöttlichen Botschaft, die am Ende des Films ästhetisch erhöht und bestätigt wird, und in *Dexter* hat die komplette Serie die Struktur einer radikalen Erlösungssuche (auch wenn diese Suche letzten Endes banal ausgeht). Wer sich als postmoderner Skeptiker über die „Künstlichkeit" oder „Konstruiertheit" solcher Werke moniert, hat nicht verstanden, dass diese Werke versuchen, ein theistisches (auf einen persönlichen Gott bezogenes) Moment in die Kultur zurückzubringen, die nur in einem ästhetischen oder künstlerischen Zusammenhang erfahren werden kann. Der ästhetische Bereich – Literatur, Film, Kunst, Drama usw. – wird selbst zum undurchsichtigen, provokativen Träger des Transzendenten inmitten einer weltlichen Gesellschaft. Ästhetik, Ethik und das Sakrale vermischen sich hier, um eine spezifische Kulturformation zu erzeugen, die die endlose kritische Skepsis der Postmoderne überwindet und die Möglichkeit einer positiven Weiterentwicklung zumindest in Aussicht stellt.

Quellen

Eshelman, Raoul: „Transcendence and the Aesthetics of Disability: The Case of The Curious Incident of the Dog in the Night-Time". In: *Anthropoetics* 1 (2009) www.anthropoetics.ucla.edu/ap1501/1501eshelman.htm

Eshelman, Raoul: „Performatism, Dexter, and the Ethics of Perpetration". In: *Anthropoetics* 1 (2011) http://www.anthropoetics.ucla.edu/ap1701/1701Eshelman.htm

Eshelman, Raoul: „Ordnungsästhetik nach der Postmoderne: zur Wiederkehr klassischer Ordnungsnormen im Performatismus". In: Christian Pietsch und Tobias Leuker (Hg.), *Klassik als Norm, Norm als Klassik. Kultureller Wandel als Suche nach funktionaler Vollendung*. Münster 2016, 268-292.

Kapitel 4

Visuelles (Architektur, Kunst, Fotografie)

In der visuellen Stilgestaltung unterscheidet sich der Performatismus von der Postmoderne – die eine fast unüberschaubare stilistische Vielfalt aufweist – nicht notwendigerweise durch die Rückkehr zu einem einheitlichen, sofort erkennbaren Stil. Jedoch gibt es in der Stilgestaltung grundsätzliche Unterschiede im Umgang mit Konzepten wie Schönheit, Sein und Zielsetzung des Kunstwerkes.

Die Postmoderne ist bei aller stilistischen Vielfalt durchgehend von antiästhetischen Desillusionierungsstrategien geprägt. Es geht also nicht darum, dass das Hässliche direkt herausstellt wird, sondern dass alle Versuche, einen schönen Schein herzustellen, ironisch aufgebrochen werden, ohne direkt Partei für einen bestimmten Stil oder für eine bestimmte ideologische Gegenposition zu ergreifen. Das „klassische" Beispiel stellt Andy Warhols *Campbells Suppendosen* (*Campbell's Soup Cans*, 1962) dar, die gleichzeitig Werbung für eine sehr gängige Suppenmarke sowie selbstironische, künstlerische Zitate dieser Werbebilder sind. Werbung (die im Kommerz verankert ist) und Kunst (die einen Abstand zum Zweckdenken sucht) befinden sich in einem Verhältnis der gegenseitigen Abhängigkeit. Um zu wirken, muss Werbung über ein reines Zweckdenken hinausgehen; und Kunst muss, um Bestand zu haben, ihrerseits verkauft werden können. Die zwei Diskurse fallen bei

Warhol in einer unauflösbaren Weise zusammen. Das Ergebnis ist eine Haltung, die Fredric Jameson in seinem bekannten Aufsatz über die Postmoderne „Pastiche" nennt: Es ist „ausdruckslose Parodie", von der man nicht sagen kann, inwieweit sie sich vom parodierten Gegenstand absetzt oder sich mit diesem identifiziert. Dies ist die bekannte „Sowohl-als-auch-Figur" der Postmoderne: Sie ist eine Haltung, die in einer Art Endlosschleife zwischen zwei entgegengesetzte Möglichkeiten ironisch pendelt. Warhol gibt nicht vor, ein unabhängiger Kritiker der Konsumgesellschaft zu sein, sondern ist zugleich Künstler *und* Werbefachmann, er ist in die Zustände verstrickt, die er selbst kritisch als Schein entlarvt. Die Postmoderne negiert die Schönheit also nicht (Warhols Bilder sind visuell meist sehr anziehend), aber diese visuelle Anziehungskraft wird immer konzeptuell unterlaufen (beispielsweise durch die serielle Reproduktion der Suppendosen auf einer Leinwand, die ihre Einzigartigkeit als Kunstobjekte ad absurdum führt). Diese Art von Ironie verhindert den Utopismus, der für die Hochmoderne kennzeichnend war – die Vorstellung, dass Kunst durch die radikale, durch Abstraktion erfolgte Erschütterung unserer Sehgewohnheiten auch die gesellschaftliche Wirklichkeit radikal verändern könnte.

Im Performatismus kehrt die Schönheit wieder zurück, aber nicht mit konzeptueller Ironie (wie in der Postmoderne) und nicht als Hang zur Abstraktion (wie in der Moderne). Am besten lässt sich die neue Einstellung zur Schönheit mit Bezug auf Eric Gans' Idee des Ostensiven erfassen, und zwar als Abstand-Nehmen von einem formal abgeschlossenen Gegenstand. Dies erlaubt wiederum, den Gegenstand in einer abgeschlossenen, aber dynamisch oszillierenden Ganzheit wahrzunehmen (mal als Ding, mal als Zeichen, das auf das Ding verweist, das wiederum nicht unabhängig vom Zeichen wahrgenommen werden kann usw.). Diese zunächst zirkulär erscheinende Bestimmung besagt, dass Schönheit – genauer genommen „das Ästhetische" – keine Eigenschaft außer formaler Abgeschlossenheit und Abstand zu einem sakralen oder weltlichen Zweck aufweisen muss. Schönheit ist somit paradoxal (wie auch Filmtitel wie *Biutiful* oder *American Beauty* anzeigen). Sie braucht nichts „Schönes" im konventionellen Sinne zu vermitteln – also spontan zu gefallen –, muss aber formale Abgeschlossenheit und Zwecklosigkeit aufweisen, damit „wirklich" Schönes potenziell erlebt werden kann.

Wichtig bei der Gestaltung der Schönheit im Performatismus ist daher nicht bloß die unmittelbare Wahrnehmung eines formal abgeschlossenen – und eventuell nicht allzu aufregenden – Gegenstandes, sondern die zusätzliche Rahmung und Potenzierung dieses Gegenstandes durch eine auktoriale oder „göttliche" Hand. Hier fallen die traditionellen ästhetischen Kategorien des Schönen und des Erhabenen tendenziell zusammen. Ob etwas „schön" wirkt, hängt von einer zusätzlichen auktorialen Leistung ab, die den formal abgeschlossenen Gegenstand über sich selbst hinauswachsen lässt. Das Schöne hat stets etwas Erhabenes (etwas, das die geistige Vorstellungskraft sprengt); das Erhabene orientiert sich stets an dem, was menschliche Maße hat (danach richten sich traditionelle Bestimmungen des Schönen). In den Hintergrund treten die Probleme des

Ethischen, Ökonomischen oder Politischen, die für die kritische Kunst der Postmoderne bestimmend sind. Etwas anders gesagt: Sowohl in der Postmoderne als auch im Performatismus ist Schönheit etwas Konstruiertes, in der Postmoderne aber wird Schönheit stets in einem Verhältnis der gegenseitigen Bedingtheit mit Zweckdenken verhandelt. Im Performatismus dagegen bedingen sich Schönheit – verstanden als Erfahrung einer abgeschlossenen Form aus einem Abstand heraus – und Transzendenzstreben gegenseitig. Philosophisch bedeutet dies eine Abkehr von dem in der Postmoderne verbreiteten, ironischen Konzept des Menschen als eines durch Diskurs und Zufall fremdbestimmten Wesens. Im Performatismus erhält der Mensch die Möglichkeit, durch die Verbindung des Sakralen und Ästhetischen zeitweilig über sich selbst hinauszuwachsen.

Den Unterschied zwischen einem postmodernen und einem performatistischen Umgang mit demselben Gegenstand kann man sehr anschaulich am Beispiel des Reichstagsgebäudes in Berlin vorführen. Die Verhüllung des (alten) Reichstags durch das Künstler-Ehepaar Christo und Jeanne-Claude lässt sich als typisch postmodern beschreiben, die Renovierung des Reichstags durch den britischen Architekten Sir Norman Foster als typisch performatistisch.

Christos und Jeanne-Claudes „Verhüllter Reichstag" (1971-1995) lässt sich mit den Kategorien „schön" und „erhaben" zunächst einmal ohne weiteres in Verbindung bringen. (Performativ ist sie natürlich auch, denn ein großer öffentlicher und zeitlicher Aufwand war notwendig, um die Verhüllung durchzuführen.) Der flatternde, silbern schimmernde Stoff, der den Reichstag bedeckte, wurde von den allermeisten Menschen spontan als anziehend empfunden, und die Größenordnung des Projekts sprengte (fast) jede Vorstellungskraft. Postmodern bleibt das Projekt dennoch deshalb, weil es von einer grundlegenden Ironie getragen ist. In der Moderne (und seit der Aufklärung generell) ist die *Ent*hüllung von etwas ganz entscheidend für die Erkenntnis. Heidegger nannte diesen Vorgang *aletheia* und macht ihn zur paradoxen Grundlage seiner Philosophie – der Akt der Enthüllung verdeckt stets gleichzeitig einen Teil der Wahrheit, die dabei aufgedeckt wird. Christo und Jeanne-Claude kehren diesen Vorgang um. (Ästhetische) Wahrheit wird jetzt durch *Ver*hüllung des Gegenstandes erreicht, der unter dem Schein des Ästhetischen so gut wie völlig verschwindet (im Falle des Reichstages wurde dieses Angebot besonders gern angenommen, weil das klotzige, renovierungsbedürftige Gebäude selbst keine besondere Ausstrahlung hatte). Die Rahmung – die Hülle – wird also wichtiger als das, was sie eigentlich umfasst. Dazu kommt, dass die Verhüllung immanent ist – die Hülle wird nach einer bestimmten Zeit entfernt, und die alten Zustände kehren zurück. Ästhetik ist reine Oberfläche, die schnell entfernt und anderswo inszeniert werden kann. Wie Barthelmes Ballon (vgl. Kapitel 1) erzeugt die Erscheinung des riesigen, aus Stoff gemachten Gegenstandes „Meinungen“, „Reaktionen“ und „Komplexe von Haltungen“ – also Diskurse –; der Ballon selbst allerdings hat keinen wirklichen Bestand über die Inszenierung hinaus.

Bei der Renovierung des Reichstags dagegen werden spezifisch performatistische Eigenschaften verwirklicht, die vor allem mit der Inszenierung von Transzendenz zusammenhängen. Am auffälligsten bei der Renovierung ist die Hinzufügung einer gläsernen, durchsichtigen und begehbaren Kuppel, die zudem eine pfeilartige Struktur in ihrem Zentrum beherbergt, die den Plenarsaal des darunter liegenden Bundestags zu durchbohren scheint. Außerdem hat der Architekt die massiven Steinwände des Originalgebäudes teilweise mit Glas ersetzt, sodass das ehemals dunkle Gebäude eine ungeahnte Helligkeit und Leichtigkeit erlangt. Auch der Umgang mit der Geschichtlichkeit ist bemerkenswert: Das von russischen Soldaten hinterlassene, zum Teil unflätige Graffiti wurde wie ein Kunstwerk liebevoll restauriert und geschützt.

Wie wird Transzendenz hier also architektonisch verwirklicht? Die Glaskuppel, die von sich aus sakrale Assoziationen weckt, entmaterialisiert die alte steinerne Kuppel des Originalgebäudes, die im Zweiten Weltkrieg zerstört und bei der ersten Restauration nach dem Krieg nicht wieder aufgebaut wurde. Diese Entmaterialisierung, die auch die Wände des Gebäudes betrifft, überwindet förmlich die Schwere und Undurchsichtigkeit des Materials. Die pfeilartige Struktur inmitten der Kuppel, die wie eine riesige Nadel in den Plenarsaal des Bundestags hineinsticht, vollzieht eine architektonische Performanz, d.h. sie täuscht Bewegung vor, die auch durch den spiralartigen Gang um sie herum intensiviert wird. Diese Bewegung ist zentriert und fokussiert (sie richtet sich nach unten, auf den Plenarsaal). Der Besucher erlebt die Kuppel nicht von außen als

Oberfläche, sondern gewissermaßen als Einheit mit dem Himmel selbst; beim Begehen der durchsichtigen Kuppel an hellen Tagen hat man das kuriose Gefühl, in der Luft zu wandeln. Schließlich erscheint Geschichte – in Form von Graffiti – nicht als verblasstes, eklektisches Zitat, sondern als Originalbotschaft, die, restauriert und künstlerisch eingerahmt, den Besucher direkten Spuren geschichtlicher Gewalt aussetzt.

Diese Stilmittel kann man natürlich als Symbole deuten, die „Transparenz" und „Offenheit" des politischen Prozesses versinnbildlichen. Allerdings sind diese für den Reichstag scheinbar spezifischen Figuren nicht bloß einmalige Einfälle, sondern lassen sich bei vielen anderen Bauten aus den 90er Jahren und danach immer wieder finden. Ausschlaggebend für diese Entwicklung sind die unausgesprochenen Normen des transzendenten (bzw. ornamentalen) Funktionalismus, den ich im ersten Kapitel kurz angesprochen habe. Hier werden „logisch" aussehende geometrische Figuren, die normalerweise an die funktionale Strenge der Moderne erinnern, bewusst entgegen aller Regeln der Funktionalität eingesetzt. Gleichzeitig weisen diese spielerisch eingesetzten, architektonischen Figuren eine stilistische Einheitlichkeit, Zielgerichtetheit oder Abgeschlossenheit auf, die dem nirgendwohin weisenden Eklektizismus der Postmoderne völlig zuwiderlaufen. Diese Merkmale lassen sich zunächst einmal auf acht Grundfiguren zurückführen:

1. **Theistische Schöpfung.** Der Architekt fügt einem Gebäude auf massive oder auffällige Weise Masse

zu (oder zieht Masse vom Gebäude ab). Es ist, als ob ein „göttlicher“ Architekt in die Gestaltung des Gebäudes willkürlich eingegriffen hätte. Diese massiven Eingriffe, die „sinnlos“ oder „aus der Luft gegriffen“ erscheinen, suggerieren Transzendenz.

2. **Entmaterialisierung**. Der Architekt lässt massive Bauteile – vorzugsweise großflächige Fassaden – sich in Glas auflösen und damit magisch „verschwinden“: Materie löst sich scheinbar in Luft auf. Im Unterschied zur Architektur der Moderne, in der Transparenz eine deutliche Funktion aufweist (Büros mit Licht versorgen, tragende Elemente zur Schau stellen usw.), wirkt die Entmaterialisierung „sinnlos“ – häufig steht sie unerklärlicherweise neben einem massiven und undurchsichtigen Bauelement.

3. **Triangulation**. Durch gekippte Dreiecksfiguren lässt der Architekt das Gebäude instabil erscheinen – es sieht aus, als ob das Gebäude oder Teile davon auf der Kippe stehen. Triangulation hat zwei weitere Eigenschaften: sie verschwendet Raum auf eklatante Weise (in den Spitzen des Dreiecks kann man schlecht Möbel oder sonst etwas aufstellen) und die Spitzen des Dreiecks haben eine hinweisende, performative oder ostensive Funktion (sie zeigen auf etwas). Dreiecke sieht man in der Architektur der Moderne so gut wie nie.

4. **Kinesis**. Gebäude scheinen sich zu bewegen, sich zu verschieben oder zu drehen (manche bewegen sich tatsächlich).

5. **Erhabene Bedrohung**. Von Teilelementen des Gebäudes geht eine Bedrohung aus. Tragende Säulen sind auffällig dünn, Bauteile scheinen zu kippen oder zu rutschen.

6. **Rahmung**. Gebäude werden von (häufig durchsichtigen) Rahmen umfasst, die keine zwingende Funktion aufweisen.

7. **Abgerundete Ganzheitlichkeit und Abgeschlossenheit**. Bauten wirken völlig abgerundet und abgeschlossen. Raumverschwendende Ovale oder Ellipsen spielen hier immer wieder eine Rolle.

8. **Zentrierung**. Bauelemente werden zentriert und erzeugen dadurch ein unpostmodernes Gefühl der Ordnung und Zielgerichtetheit.

Inzwischen gibt es unzählige Bauten, die diese Eigenschaften aufweisen. Auf den folgenden Seiten habe ich einige Beispiele aus Berlin und München aufgeführt, die diese merkwürdige neue Formsprache veranschaulichen. Zu betonen wäre, dass mein Interesse hier allein dem Stil gilt. Ob diese Gebäude im Zusammenspiel mit der Umgebung oder als Gebrauchsobjekte gelungen sind, kann von professionellen Architekturkritikern oder von den Benutzern selbst sehr viel besser beurteilt werden.

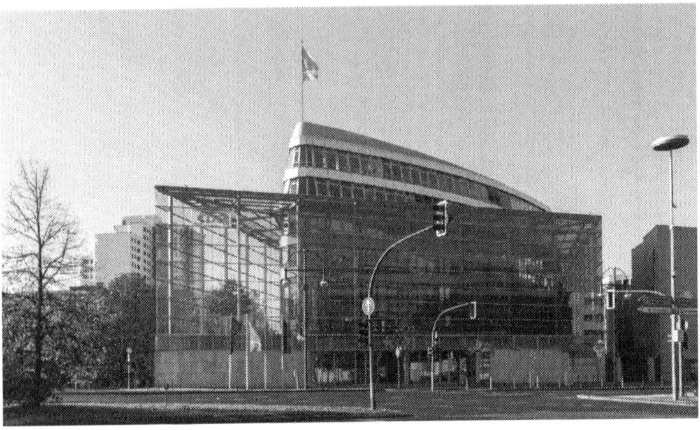

Abb. 1

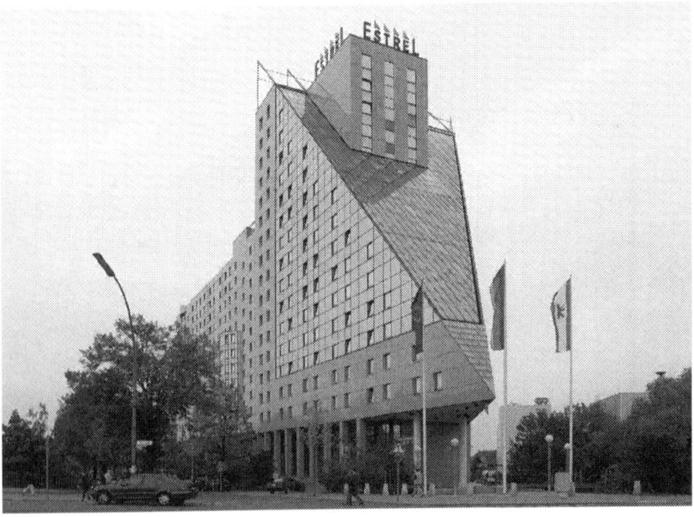

Abb. 2

Das schiffartige Konrad-Adenauer-Haus der CDU-Zentrale in Berlin (Petzinka, Pink und Partner, 2000; Abb. 1) zeigt Triangulation, Transparenz, Rahmung und eine Art von Kinesis – das abgerundete Dreieck des Hauptgebäudes scheint sich in eine andere Richtung als das scharfe Dreieck des Glasrahmens zu bewegen.

Triangulation wird beim Hotel Estrel in Berlin Neukölln (Hennes und Tilemann, 1996) auf extreme Weise vorgeführt (Abb. 2; siehe auch den dreieckigen, in den Himmel weisenden Rahmen auf dem Dach). Eklatant ist auch die erhabene Bedrohung – der Block auf dem schrägen Dach sieht aus, als ob er gleich herunterrutschen würde. Typisch aus performatistischer Sicht ist zudem die Entmaterialisierung, die durch den Kontrast zwischen dem reflektierenden Oberteil und dem matten Unterteil des Gebäudes entsteht.

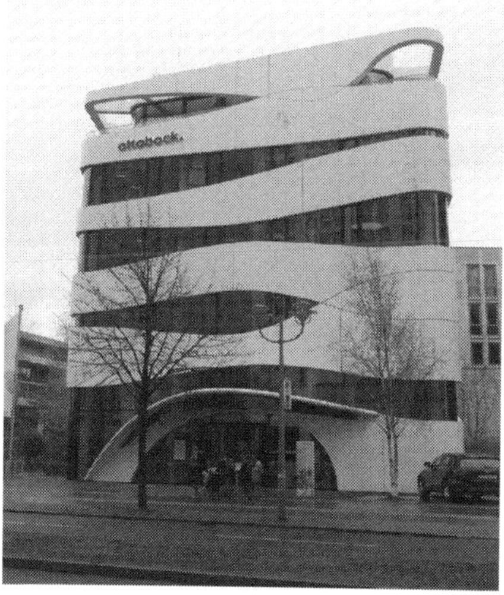

Abb. 3

Das futuristisch aussehende Ottobock Science Center am Potsdamer Platz (Gnädinger Architekten, 2009) scheint sich wellenartig zu bewegen (Abb. 3). Die Fassade macht zudem den Eindruck eines schrägen, uns zublinzelnden Alien.

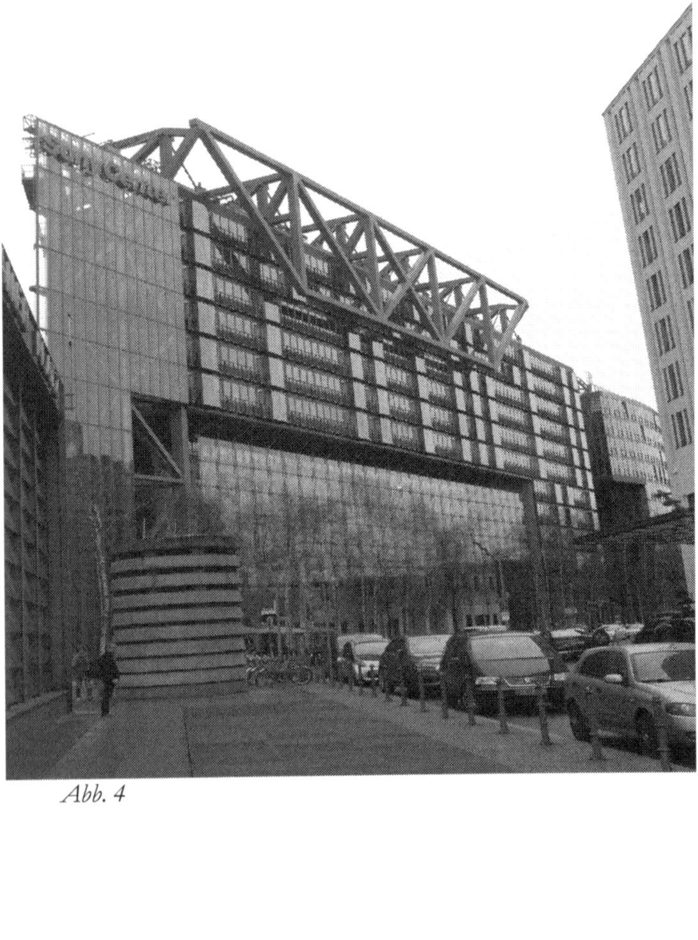

Abb. 4

Ein undurchsichtig agierender theistischer Architekt (Helmut Jahn, 1998-2000) war beim Bau des Sony Centers am Potsdamer Platz (Abb. 4) zugange – ein ausgezeichnetes Beispiel des transzendenten Ornamentalismus. Das auf dem Dach ruhende Teilstück sieht aus wie eine Eisenbahnbrücke, die von einem Riesen mutwillig dort hingepflanzt wurde. Der Sinn dieser Teilrahmung bleibt uns auf ewig verschlossen.

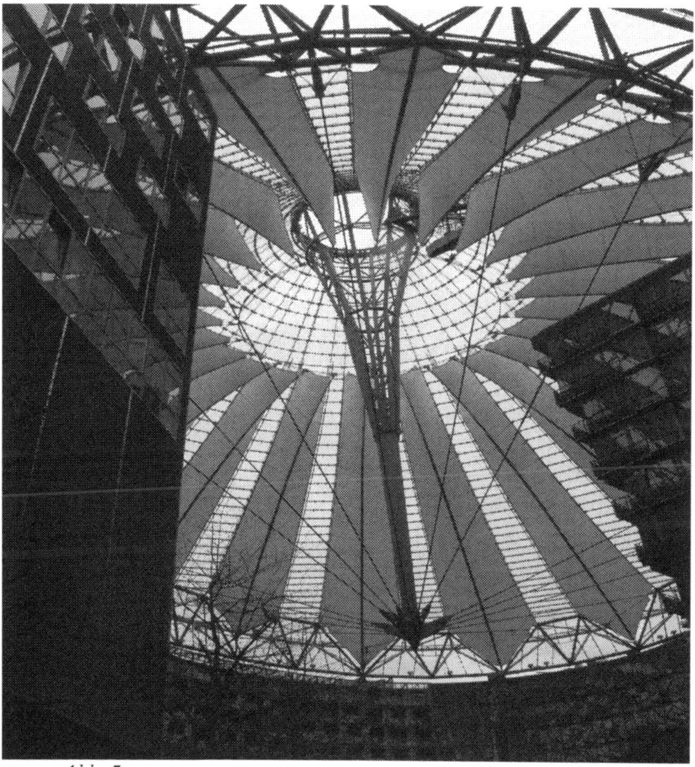

Abb. 5

Erhabene Bedrohung, Zentrierung und Kinesis wirken hier am stählernen Zirkuszeltdach des von Helmut Jahn entworfenen Sony Centers (Abb. 5) auf eine funktional nicht weiter erklärbare Weise zusammen.

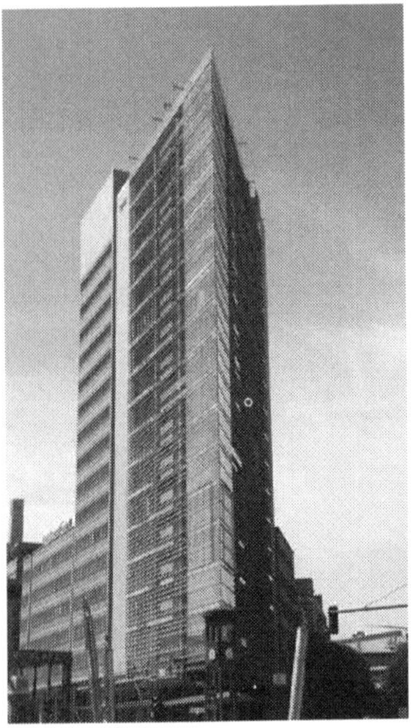

Abb. 6

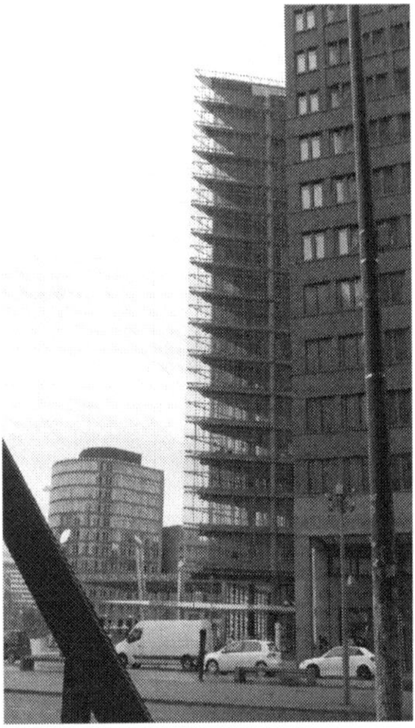

Abb. 7

Das in den Himmel weisende spitze Dreieck des PricewaterhouseCoopers-Gebäude am Potsdamer Platz (Renzo Piano, Christoph Kohlbecker) ist reine Raumverschwendung ohne erkennbare Funktion (Abb. 6 & 7), und die Entmaterialisierung der Fassade macht diesen Zustand mehr als deutlich. Das Gebäude zitiert Mies van der Rohes kühnes „Friedrichstraße-Hochhaus" aus den 20er Jahren, das nur als utopischer Plan existierte (es ist auch eines der wenigen Bauten der Moderne, in dem Triangulation die Bauweise bestimmt). Pianos und Kohlbeckers Gebäude wirkt allerdings alles anderes als utopisch, weil die Zurschaustellung der tragenden Bauelemente – ein für das Funktionsdenken der Moderne wichtiges Anliegen – niemanden mehr wirklich interessiert oder beeindruckt. An dessen Stelle tritt ein ornamentaler Funktionalismus zu Tage, der weder in der Moderne noch der Postmoderne gegründet ist und durch seine funktionale Unlogik auf das Wirken eines zumindest transzendenzverdächtigten Architekten hinweist.

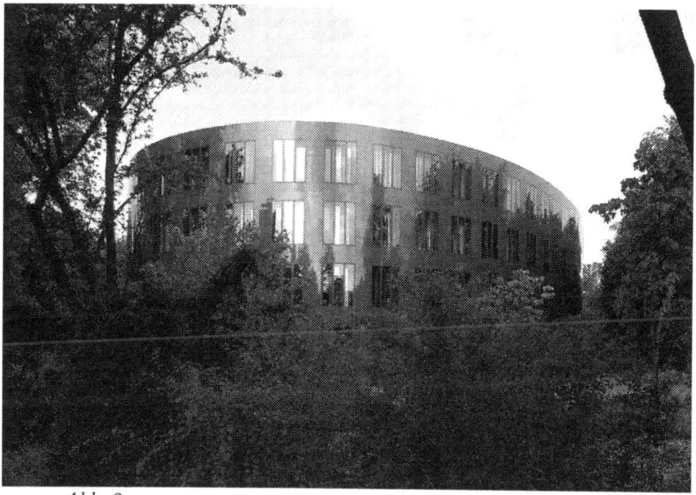

Abb. 8

Das ungewöhnlich gestaltete Bundespräsidialamt in Berlin (Martin Gruber, Helmut Kleine-Kraneburg) weist wieder unmoderne Raumverschwendung auf, hier jedoch nicht durch Triangulation, sondern eiförmig abgerundet und abgeschlossen. Die Fassade wird durch Spiegelung der umgebenden Natur entmaterialisiert.

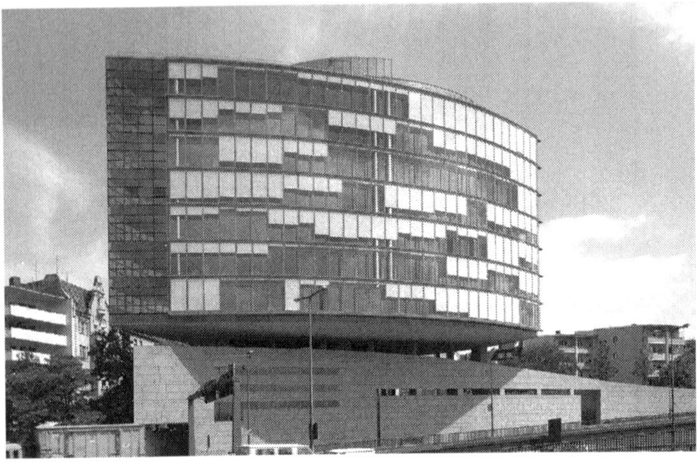

Abb. 9

Alles Mögliche und Unmögliche kommt im Bürohaus „Zitrone" (Hilde Léon, Konrad Wohlhage, 1997) zusammen (Abb. 9). Triangulation samt ornamentaler Raumverschwendung und Abgeschlossenheit machen den Hauptkörper der „Zitrone" aus. Das Gebäude selbst führt erhabene Bedrohung und Kinesis eindrucksvoll vor – es sieht aus, als ob es gleich von der Rampe herunterrutschen würde, auf der es zu balancieren scheint. Die Rampe selbst weist unerklärliche Einschnitte auf – auch hier das Werk göttlich angehauchter, aber nicht vollkommener Architekten. Dabei vollziehen die beweglichen Jalousien an der Fassade eine von den Benutzern inszenierte, unfreiwillige Performanz.

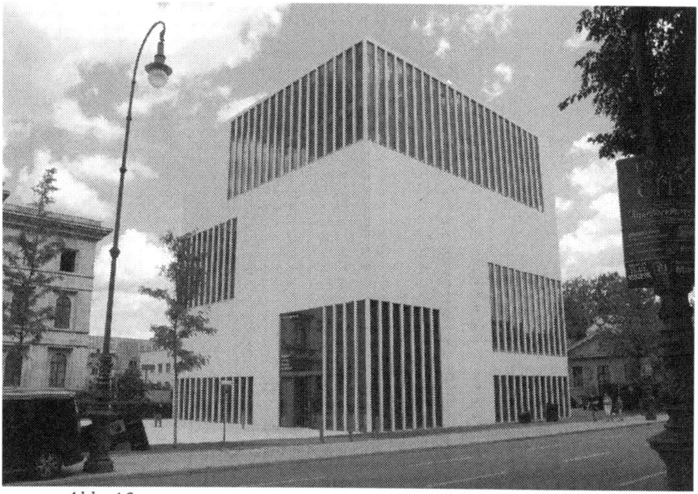

Abb. 10

Beim Nationalsozialismus-Dokumentationszentrum im Münchener Museumsviertel (Georg, Scheel und Wetzel, 2012) wirken theistische Schöpfung und Entmaterialisierung „logisch" zusammen, um Masse „unlogisch" aus dem quadratischen Volumen des Gebäudes zu entfernen (Abb. 10).

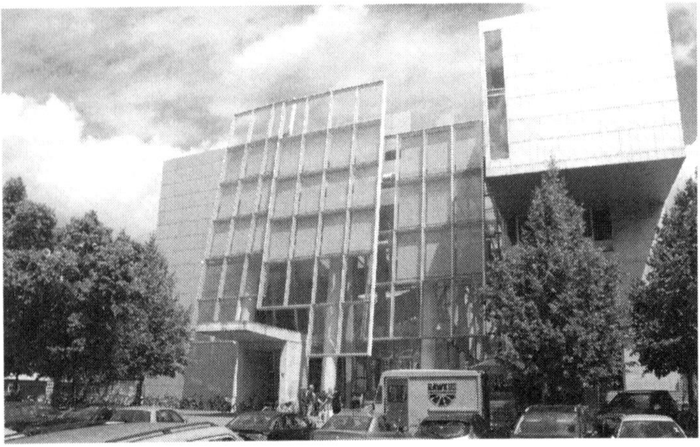

Abb. 11

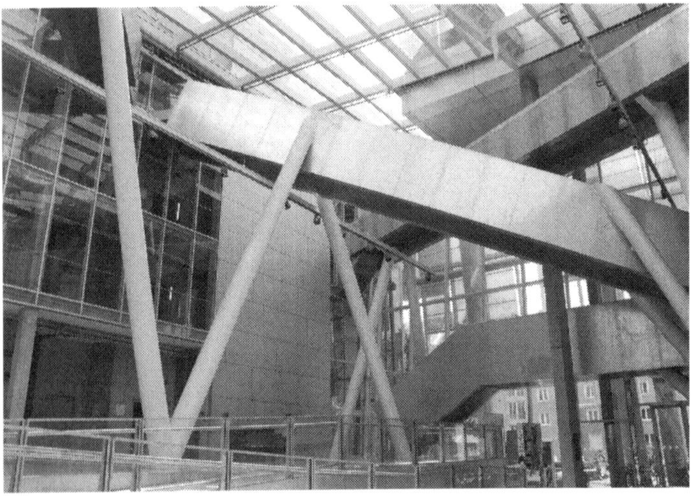

Abb. 12

Die dynamisch gekippten Fassaden- und Dachteile des Neubaus der Akademie der bildenden Künste in der Nähe der Leopoldstraße in München (Coop Himmelsb(l)au, 2005) sind gute Beispiele für Kinesis und eine erhabene Bedrohung (Abb. 11); insbesondere die Fassadeteile wirken wie große, an die Außenseite des Gebäudes locker angelehnte Glasplatten. Innerhalb des Gebäudes schaffen Triangulation und Entmaterialisierung ein dynamisches, nach oben offenes Ambiente (Abb. 12).

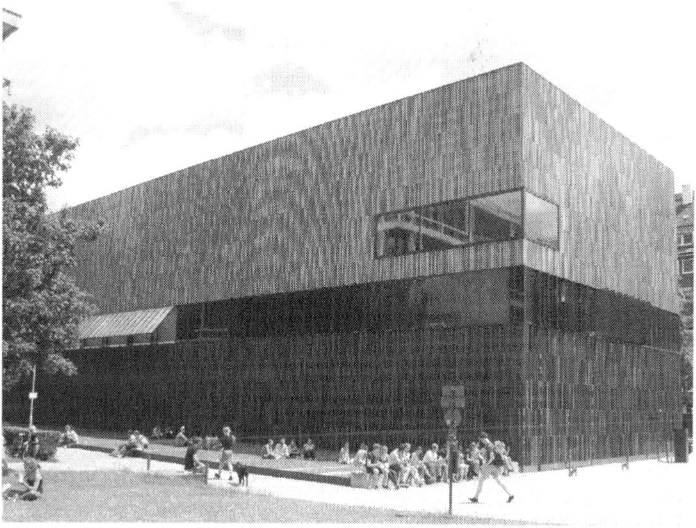

Abb. 13

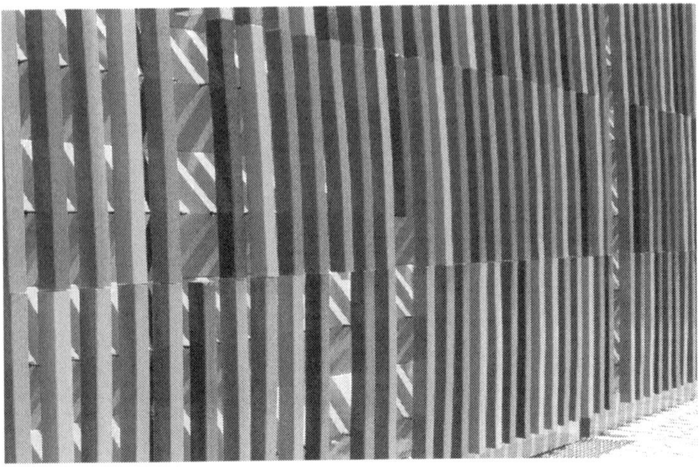

Abb. 14

Das Münchener Brandhorst-Museum (Sauerbruch Hutton, 2009) spielt mit Entmaterialisierung (der obere Teil des Gebäudes scheint dank des schwarzen Glasbandes über dem unteren Teil zu schweben; Abb. 13); zudem werden Stücke aus dem oberen Teil scheinbar beliebig ausgeschnitten (vgl. das obere Fenster). Die bunten Keramikstäbe, die die Fassade bilden, lassen diese wiederum beweglich erscheinen.

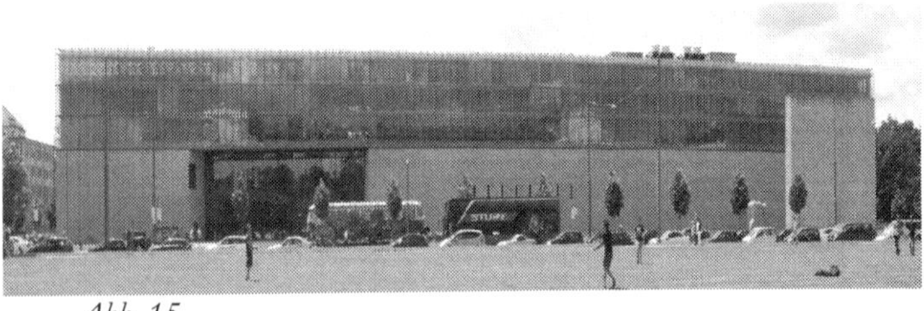

Abb. 15

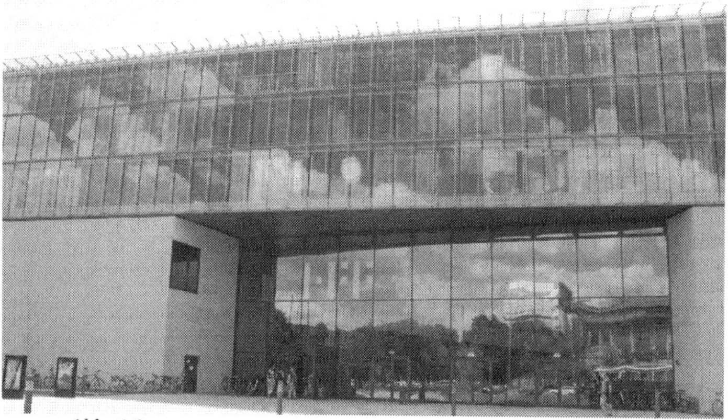
Abb. 16

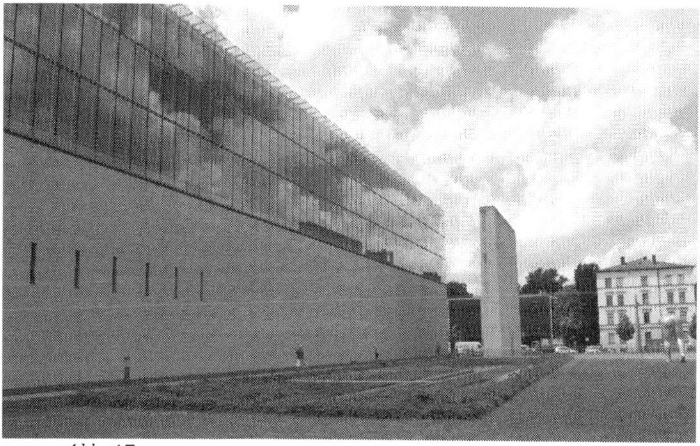
Abb. 17

Die Münchener Hochschule für Film und Fernsehen (Peter Böhm Architekten, 2011; das Ägyptische Museum befindet sich an der rechten Seite) weist eine extreme Entmaterialisierung auf (der Kontrast zwischen der glasigen Oberhälfte und der steinernen Unterhälfte drängt sich dem Betrachter förmlich auf Abb. 15). Der Eingang links bricht durch Triangulation mit modernistischen Formerwartungen (Abb. 16); der frei stehende Eingang rechts (zum Ägyptischen Museum) wirkt wie eine von Götterhand hingepflanzte Stele (Abb. 17).

Performatismus und bildende Kunst

Ist die Entwicklung in der Architektur vergleichsweise überschaubar – sowohl die Anzahl der anspruchsvollen Neubauten als auch die Möglichkeiten einer neuen architektonischen „Sprache" sind relativ begrenzt –, bleibt die zeitgenössische Kunst mit ihren vielen individuellen Ausprägungen äußerst unübersichtlich. Dennoch lässt sich seit Ende der 90er Jahre ein deutlicher Trend weg von der konzeptuellen „Anti-Kunst" verzeichnen, die die Kunstszene in den 90er Jahren dominierte und bekannte Kunstkritiker dazu brachte, zumindest vorläufig vom „Ende der Kunst" (Arthur C. Danto) oder vom „Triumph der Anti-Kunst" (Thomas McEvilley) zu sprechen. Konzeptkunst bzw. Anti-Kunst lässt sich verkürzt als eine radikale Fortführung der Pop-Art-Strategie von Andy Warhol verstehen. Wie bei der Pop-Art wird das vermeintlich desinteressierte Streben der Kunst nach Schönheit durch die ironische Einbeziehung sehr weltlicher Dinge (Kommerz, Macht, Sexualität, Konsumverhalten usw.) relativiert. Dabei wird diese Ironie dem Beobachter durch die offensichtliche Konstruiertheit und Selbstbezogenheit des Kunstwerks förmlich aufgedrängt. Als Beispiel kann man das „People's-Choice"-Projekt (1994-97) der Konzeptkünstler Vitaly Komar und Alexander Melamid nehmen. Komar und Melamid ließen in elf Ländern Umfragen durchführen, die abfragten, welche Eigenschaften Menschen an Gemälden schätzen (Größe, Farben, Abstraktion oder Repräsentation, Landschaften, historische Themen usw.). Daraus erstellten sie eine Liste von den jeweils beliebtesten („most wanted") und am wenig beliebtesten („least wanted") Merkmalen für jedes Land. Diese „demokratisch" vermittelten Eigenschaften wurden dann gewissenhaft in Gemälde umgesetzt, die natürlich nicht „schön" oder „wertvoll" im üblichen Sinne wirken sollten, sondern dazu dienten, die Mechanismen einer demokratisch durchgeführten Schönheitsbestimmung bzw. die Vorstellung eines nationalen Kunstverständnisses ironisch freizulegen. Dieses in der Postmoderne beliebte Verfahren des Pastiche – eine fremde Position scheinbar treuherzig zu übernehmen und dann mit Pokerface ins Leere laufen zu lassen –, zeigt nicht nur, wie problematisch es ist, Kunst „demokratisch" oder „national" zu bestimmen, sondern auch, dass Künstler gerade auf solche Bestimmungen angewiesen sind, um ihre Kunst zu vermarkten. Auch deshalb besteht die postmoderne Originalität von Komar und Melamid nicht in der Erzeugung von „schöner" oder „tendenziöser" oder „schockierender" Kunst, sondern in der ironischen Freilegung der Regeln, die Kunst zur Kunst machen. Da diese Regeln von vornherein zwiespältig sind, haben postmoderne Künstler beim ironischen Spiel mit ihnen ein breites und dankbares Betätigungsfeld. Dies umfasst Themenbereiche wie Gender (Cindy Sherman, Judy Chicago), Kunsthandel (Damien Hirst), Medien (Nam June Paik), Kitsch (Jeff Koons), Politik (Joseph Beuys), Körperlichkeit (Marina Abramovic), Alltagsgegenstände (Claas Oldenburg), Konsumkultur (Andy Warhol, Roy Lichtenstein), Sowjetkultur (Ilja Kabakov) usw.

Dieses scheinbar unendliche Feld der konzeptuell geleiteten Anti-Kunst beginnt sich Ende der 90er Jahre langsam zu erschöpfen. Hier liegt die Betonung auf „langsam", denn es gab keine schlagartige Abwendung von diesen Praktiken, und sie bestimmen heute nach wie vor den Kunstbetrieb in beträchtlichem Maße. Immerhin beginnt man Kunstwerke – und vor allem Gemälde – zu erzeugen, die Schönheit im gängigen Sinne ausstrahlen (sie lösen spontanes Gefallen beim Betrachter aus). Zudem wird mittlerweile immer häufiger auf das ironische, unendliche Spiel mit der Opposition Kunst/Nichtkunst verzichtet. Auch beginnen sich formale Gegenbewegungen zur Anti-Kunst und zur Postmoderne zu bilden. Besonders hervorgetan haben sich hierbei die sogenannten „Stuckisten" (vom Englischen „stuck" – hängen- oder steckengeblieben), die 1999 ein Manifest herausbrachten, das u.a. Authentizität, die Rückkehr zur Malerei (im Unterschied zur Konzeptkunst), Ganzheitlichkeit („Holismus") und das Schaffen von Geheimnissen in der Kunst einforderten (eine deutsche Version des Manifests findet sich im Internet unter: www.stuckism.com). Darüber hinaus wird immer wieder gegen die Ausstellungspraktiken des britischen Kunstestablishment protestiert, vor allem jene der

Tate Gallery und der einflussreichen privaten Saatchi Gallery. Ob diese Bewegung wichtige Kunstwerke hervorgebracht hat, sei dahingestellt, inzwischen gibt es aber über 200 Stuckist-Gruppen in 52 Ländern.

Innerhalb des etablierten Kunstbetriebs gab es auch Versuche, Nachfolgemodelle für die Postmoderne zu entwerfen. Das bekannteste ist wohl Nicolas Bourriauds Prägung „altermodernism" („Andersmodernismus"), die den Ausgangspunkt für eine viel beachtete Ausstellung in der Tate Gallery in London 2009 lieferte. Die Ausstellung, die 28 sehr unterschiedliche Künstler zusammenbrachte, geht auf Bourriauds Überzeugung zurück, dass „unsere globalisierte Wahrnehmung nach neuen Arten der Repräsentation ruft". Allerdings bleiben die Eckwerte dieser „neuen Arten der Repräsentation" reichlich vage (Bourriaud ist Meister des sogenannten „artspeak", einer mit quasiwissenschaftlichem Jargon durchsetzten Sprache über Kunst). Laut Bourriaud führt Globalisierung dazu, dass Kunst „planetarisch" wird, und dass Kunst aus „Verhandlungen zwischen Agenten aus verschiedenen Kulturen" erwächst. Der Künstler wird dabei zum „homo viator", zu einem Reisenden, dessen „Durchgang durch Zeichen und Formate sich auf eine zeitgenössische Erfahrung der Mobilität, des Reisens und des Vorbeigehens bezieht". Allerdings sind Zweifel berechtigt, ob die von Bourriaud zusammengeführten Künstler außer einer grenzüberschreitenden Perspektive wirklich etwas gemeinsam hatten. Zudem waren viele Ausstellungsobjekte von der konzeptbeladenen, antiästhetischen Installationskunst der Postmoderne kaum zu unterscheiden.

Wesentlich ertragreicher ist der Begriff „Metamodernismus“, der 1975 – also lange vor dem Aufkommen der eigentlichen Postpostmoderne – entstanden ist. 2010 griffen die holländischen Forscher Timotheus Vermeulen und Robin van den Akker den Begriff auf und legten diesen einer umfassende Bestimmung der Postpostmoderne zu Grunde. Metamodernismus gründet auf einer vergleichsweise einfachen Formel, die besagt, dass Metamodernismus „zwischen den Modernen und dem Postmoderne oszilliert“ bzw. „zwischen modernen Enthusiasmus und postmoderne Ironie, zwischen Hoffnung und Melancholie, Naivität und Kenntnisreichtum, Empathie und Apathie, Einheit und Pluralität, Totalität und Fragmentierung, Reinheit und Ambiguität“. Ferner sollen metamoderne Werke zwischen Immanenz (Leben, Sterblichkeit, Unvollkommenheit, Zeitlichkeit usw.) und Transzendenz (Tod, Unsterblichkeit, Vollkommenheit, Zeitlosigkeit usw.) oszillieren. Dieses Oszillieren wird darüber hinaus mit „neoromantischen“ Tendenzen in Kunst und Fotografie in Verbindung gebracht. Metamoderne Ausstellungen hat es immerhin im Museum of Art and Design in New York (2012), bei der 4. Moskauer Biennale zeitgenössischer Kunst (2011) und bei der Galerie Tanja Wagner in Berlin (2012) gegeben, und es erscheinen regelmäßig Beiträge zur metamodernen Kunst auf der Website www.metamodernism.com. Auf die Unterschiede zwischen Metamodernismus und Performatismus kann hier nicht im Detail eingegangen werden; entscheidend ist, dass Performatismus als eine prinzipiell neue historische Etappe und nicht als eine Mischung aus Moderne und Postmoderne begriffen wird. Allerdings liegen die Vorstellungen der „Rahmung“ und des „Oszillierens“ einander nahe, weil beide von der gegenseitigen Bedingtheit einer transzendenten und einer immanenten Perspektive ausgehen.

Es ist hier ebenfalls nicht möglich, einen umfassenden Überblick über performatistische Tendenzen in der bildenden Kunst zu geben. Daher möchte ich nur auf einige wenige, sehr bekannte Künstler hinweisen, deren Werk exemplarisch für die Hinwendung zu einer neuen, nicht mehr postmodernen Kunst steht.

Der erste Künstler ist Tim Eitel (geb. 1971), einer der profiliertesten Vertreter der Neuen Leipziger Schule. Sein Werk ist besonders interessant, weil es sich sowohl an performatistische Erzähltechniken als auch an Stilmittel der performatistischen Architektur anschließt. Im Zentrum von Eitels Werk steht häufig der opake oder undurchsichtige Mensch – Subjekte, deren Gesichter man entweder nicht sehen kann, weil sie sich von uns abwenden, oder weil sie ausdrucklos ins Leere blicken. Diese Subjekte sind als Menschen gut erkennbar, bleiben aber für uns formal unzugänglich. Dabei werden Details auf das Notwendigste reduziert – die Darstellung ist „realistisch“, aber zugleich geglättet, sozusagen vollkommener als die abgebildete Wirklichkeit. Ferner sind diese Subjekte eingerahmt, entweder durch geometrisch streng gestaltete Räumlichkeiten oder durch eine ebenfalls geometrisch oder symmetrisch gestaltete Natur. Bei der Raumgestaltung spielt die Farbgebung eine wichtige Rolle, die entweder monochromatisch oder zwischen zwei Farben sehr fein abgestuft ist. Doch auch hier wirken die Bilder nicht flach; es ist vielmehr –

durch minimale Details angedeutet – stets ein dreidimensionaler Raum bzw. eine gewisse Tiefendimension zu erkennen. Die undurchsichtigen Menschen wirken nicht eingesperrt, sondern im Gegenteil: Der von einem theurgischen oder „göttlichen" Maler abgebildeter Raum lässt uns auf eine enigmatische Weise das Transzendenzpotential des enigmatischen Menschen bildhaft erfahren. Hierbei ist es sicherlich kein Zufall, dass etliche Bilder Eitels an die romantischen Gemälde von Kaspar David Friedrich erinnern, der eben diese Transzendenzerfahrung durch die Darstellung von uns abgewandten Menschen vor erhabenen, leuchtenden Landschaften (Meer, Berge, Horizont) zu vermitteln versucht. Eitels Werke haben dieses romantische Pathos natürlich nicht. Allerdings wirken die glatten, vollkommenen, genau geordneten Flächen ebenfalls wie der Ausgangspunkt für eine Transzendenzerfahrung, deren Ziel, Inhalt oder Ausgang offen bleibt. Hier wie anderswo im Performatismus ist nicht so sehr die Verwirklichung des Transzendenten entscheidend, sondern die Einrichtung der Grundbedingungen dafür und die Tatsache, dass man sich als Betrachter mehr oder weniger unfreiwillig darauf einstellt.

Dies kann man anhand von zwei typischen Bildern veranschaulichen. Im *Schwarzen Sand* (2004) sehen wir eine blaue, von dunkelblau in hellblau übergehende Fläche, die circa 85 Prozent des Bildes in Anspruch nimmt (Abb. 18). Darunter sind zwei hell beleuchtete menschliche Figuren zu sehen, die in einem dunklen Strandbereich nach etwas zu graben oder zu suchen scheinen. Ein heller Streifen am Horizont, graue Abstufungen am fast schwarzen Strand und eine am rechten Unterrand angedeutete Welle verleihen dem ansonsten flach gehaltenen Bild eine deutliche Tiefendimension. Wie bei Andreas Gursky (der in Kapitel 1 besprochen wurde) kommt es zu einer ganzheitlichen, nichtironischen Einheit von Abstraktion und Repräsentation. Natur wird durch die menschlich erzeugte Abstraktion vollkommener gemacht, ohne dass das spezifisch Menschliche oder Natürliche dabei verlorengeht. Ganz im Gegenteil: Die hell beleuchteten Menschen und ihre Tätigkeit wirken in der erhabenen Landschaft enigmatisch und daher zu etwas Höherem ermächtigt (auch wenn ihre grabende Tätigkeit durchaus profan ist). Das Bild ist formal „schön", ohne dekorativ oder kitschig zu sein (Zeichen für eine ironisierende Haltung des Malers), und es zeigt erhabene Räumlichkeit, die uns als eine formale, „blanke" Tatsache aufgedrängt wird.

Abb. 18

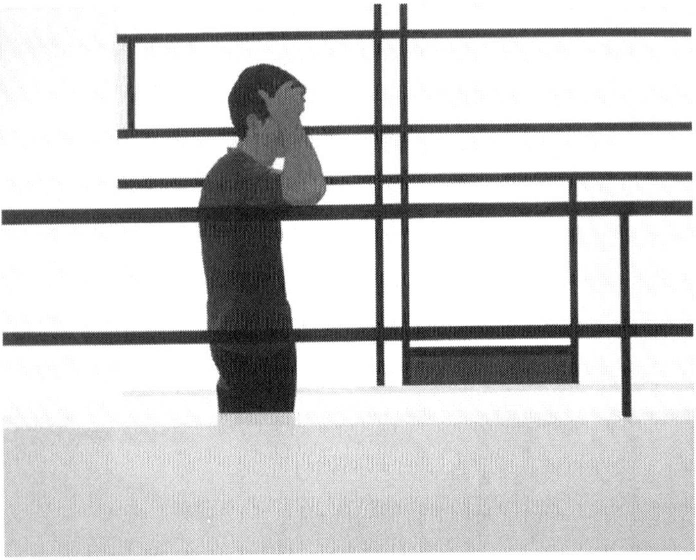

Abb. 19

Ein zweites Bild, das Eitels Technik gut veranschaulicht, ist *Mondrian (mit gelb)* (2001; Abb. 19). Hier sieht es zunächst so aus, als ob der Maler uns postmodern veräppeln möchte. Der Museumsbesucher, der vor einem Mondrian-Gemälde steht, scheint beim ersten Anblick in dem Mondrian-Gemälde gefangen zu sein. Beim näheren Ansehen stellt sich heraus, dass der Besucher, dessen Hand und Arm den Blick auf sein Gesicht versperrt, sich auf einem Reling lehnt, der gerade noch als dreidimensional zu erkennen ist. Anstelle einer ironischen Endloseschleife, in sich der Kunst und Wirklichkeit beliebig abwechseln, haben wir es mit einer typisch performatistischen Situation zu tun. Denn hier erlaubt uns das (undurchsichtige) menschliche Subjekt zwischen Kunst und Wirklichkeit zu unterscheiden. Dabei weitet sich die Kunst durch die doppelte Rahmung – also durch die sekundäre Erfassung der Szene durch Eitel – auf die Wirklichkeit selbst aus (die zweidimensionale Fläche des Mondrian-Gemäldes wird dreidimensional). Wir haben es mit einer künstlich vorgeführten Bewegung hin zur Transzendenz (Kunst weitet sich auf die Wirklichkeit aus) zu tun und nicht mit einem endlos ironischen Spiel mit austauschbaren Zeichenschichten oder Diskursen.

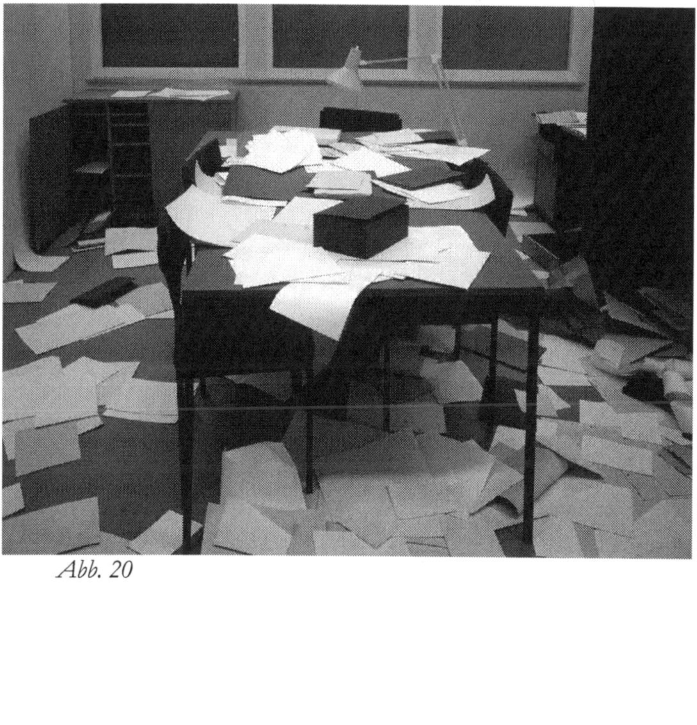

Abb. 20

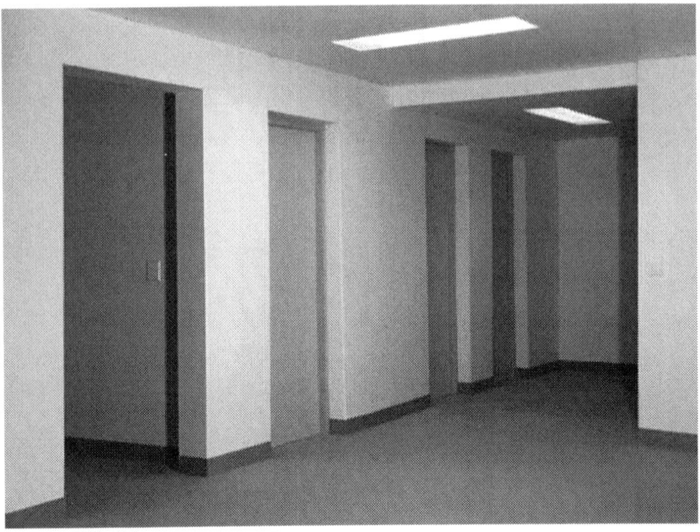

Abb. 21

Der zweite bekannte Künstler, der auf beispielhafte Weise performatistisch arbeitet, ist Thomas Demand (geb. 1964), der ganze Räumlichkeiten aus Pappe und Papier lebensgroß nachbaut und diese dann großformatig fotografiert (die Modelle werden anschließend vernichtet). Demand baut oft Szenen nach, die mehr oder minder bekannten Zeitungsbildern entstammen, doch seine Modelle bzw. Fotografien erstrecken sich von reinen Naturbildern (*Rasen*, 1998) bis hin zu Alltagsszenen (*Küche*, 2004) und technischen Einrichtungen (*Space Simulator*, 2003); gelegentlich dreht er auch kleine Filme mit den Modellen (*Tunnel*, 1999). Um die Eigenart seiner Kunst zu erfassen, reicht es jedoch, sich kurz mit zwei Fotografien näher zu beschäftigen, die sich auf mehr oder weniger aktuelle Begebenheiten beziehen. Das erste ist *Büro* (1995), das einen mit Papierstapeln bestreuten Tisch und Büroraum zeigt (Abb. 20); die zweite Fotografie ist *Flur* (1995), die einen ziemlich nichtssagenden Flur in einem anonym aussehenden Wohnblock darstellt (Abb. 21).

Beide Bilder haben eine eindeutige Quelle, die sich erschließen lässt, wenn man ein buchstäblich fotografisches Gedächtnis hat oder wenn man – was wahrscheinlicher ist –, Kommentare zu den Bildern oder Interviews mit dem Künstler kennt. Demnach bezieht sich *Büro* auf ein Zeitungsbild, das die Folgen des spontanen Überfalls auf das Stasihauptquartier in Berlin nach dem Mauerfall abbildet. Dieses Zeitungsbild ließe sich durch ein sehr gutes Erinnerungsvermögen seitens des Beobachters vielleicht tatsächlich aufrufen. Anders ist es bei *Flur*, das sich ebenso an ein Zeitungsbild anlehnt. Hier ist es jedoch fast ausgeschlossen, assoziativ vorzugehen, denn es handelt sich um ein Bild des Flurs, in dem der amerikanische Massenmörder und Kannibale Jeffrey Dahmer wohnhaft war (selbst in Amerika ist die Fotovorlage nicht so bekannt, als dass man sie auf Anhieb hätte erkennen können). Postmodern beeinflusste Kritiker sehen in solchen Bildern eine ironische Problematisierung der Beziehung zwischen Medien und Realität (d.h., Demands Bilder von Pappmodellen machen deutlich, dass jede Wiedergabe der „Realität" nachträglich inszeniert und daher falsch ist). In Wirklichkeit geht es jedoch um etwas ganz anderes. Im Mittelpunkt stehen nicht die reißerischen Hintergründe (die praktisch nur durch zusätzlichen Kommentar von außen zu erschließen wären), sondern das vom „göttlichen“ Künstler erstellte, geglättete Modell der Welt, das nun in einer Art Umkehrungsverfahren als Referenzpunkt für unsere Weltbetrachtung dient. Demands Bilder wirken mit anderen Worten wie künstlich geschaffene Archetypen, die ambivalente weltliche Grundzustände (Unordnung bei *Büro*, Ordnung bei *Flur*) formal abbilden. Nachträglich sind somit nicht Demands Bilder, sondern die medialen oder emotionalen Assoziationen, die wir von ihnen ausgehend anstellen. (Wie bereits angemerkt, ist es fast unmöglich, spontan auf die eigentliche Quelle der Bilder zu kommen). Die Pappmodelle, die fast perfekt aussehen, aber immer kleinere „Fehler“ des Künstler-Gottes aufweisen (Abb. 22), unterstellen, dass es eine grundlegende, wenn nicht unproblematische Ordnung des Seins gibt, und dass diese von einem unvollkommenen Schöpfer stammt. Wie bei Eitels Gemälde werden hier die Voraussetzungen für eine transzendente Weltauffassung *formal* zur Verfügung gestellt. Inhaltlich bleiben die Bilder in beiden Fällen ambivalent. Die Unordnung in *Büro* ist das Resultat einer befreienden Aktion und bildet Unordnung ab, enthält aber gleichzeitig wegen der „Glättung“ des Materials auch ein Ordnungselement. Die Ordnung in *Flur* wirkt (auch ohne Kenntnis der Quelle) bedrückend, wenngleich auch ein Ausweg nach oben (der Lichtschacht) angezeigt wird. Solche Bilder wirken – wiederum rein formal – glaubensgestaltend in Bezug auf unseren Umgang mit der Welt. Es sind archetypische Szenen, mit deren Hilfe man sich neu auf die Wirklichkeit einstellen kann. Im Grunde genommen bleiben diese „geglätteten“ Bilder sogar viel einprägsamer als so manches mit Detail ausgefüllte Zeitungsfoto.

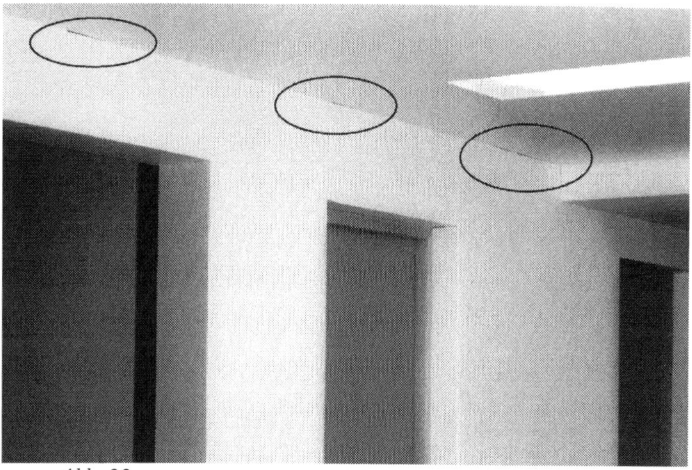

Abb. 22

Ein dritter renommierter deutscher Künstler, der sich als performatistisch bezeichnen ließe, ist Neo Rauch (geb. 1960). Rauchs Bilder bilden merkwürdige Performanzen ab, die keine Entsprechung in diesseitigen Diskursen haben. Die Figuren in diesen Bildern (wie z.B. in *Die Fuge*, 2007, Abb. 23) sind alle mit Tätigkeiten beschäftigt, die uns halbwegs bekannt vorkommen, die sich aber dennoch nicht mit den üblichen diskursiven Mitteln beschreiben lassen.

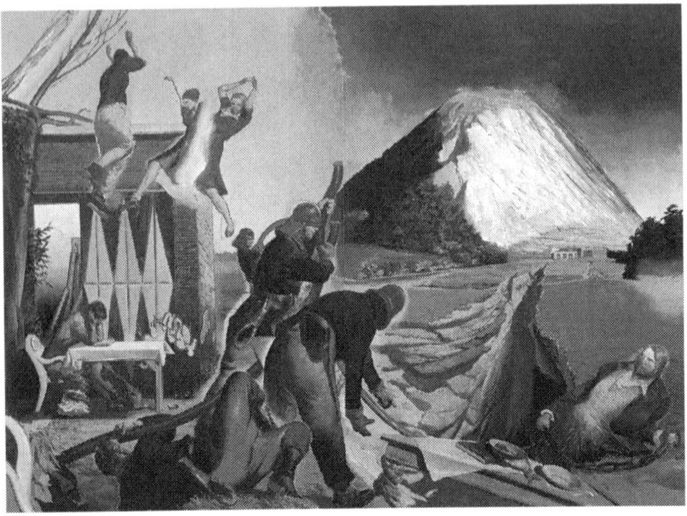

Abb. 23

So sehen die Figuren in der Mitte wie Feuerwehrleute aus, deren Helme ihnen jedoch die Sicht versperren und die unbeholfen mit seltsamen Tuben statt mit Schläuchen hantieren. Die gelbe Figur links scheint in Melancholie versunken zu sein, während merkwürdige, körperlich geteilte Gestalten ekstatisch über ihr zu tanzen scheinen. Rechts greift eine halbierte Gestalt eine Kette und schaut mit starrem Blick auf das Geschehen im Zentrum. Dabei hat sich eine tiefe Spalte in der Erde aufgetan, die hin zu einem grauen Gebäude und zu einem Berg führt, der sich wiederum von einem dunkelblauen Himmel abhebt. Wie bei Eitel sind die Figuren als Menschen gut erkennbar, ihr eigentliches Ziel, ihr Bezug zur Umgebung und die Umgebung selbst entziehen sich aber jeder zusammenhängenden Erklärung (wichtige, wenngleich unergründliche Themen scheinen „Teilung“, „Hilfeleistung“, „Grübeln“ und „Befreiung“ zu sein). Transzendenz – also Unerklärliches – und Alltägliches werden hier zwangsweise eingerahmt, und zwar auf eine Weise, die keine „Lösung“ ermöglicht. Rauchs Werk erzeugt weder Bedeutung noch eine Geschichte, sondern nur ästhetische „Arbeit“ seitens des Betrachters. Diese Arbeit vollzieht sich in einem zwecklosen, vom Künstler eingerahmten Raum unter Verwendung von Zeichen, deren genauer Bezug zur Wirklichkeit sich letzten Endes nicht feststellen lässt. Rauch (der in der DDR aufgewachsen und künstlerisch ausgebildet wurde), schafft auf diese Weise einen völlig ausgeglichenen deutsch-deutschen Begegnungsraum, in dem weder der westliche noch der östliche Diskurs irgendwelche Hoheitsrechte haben, weil keiner von diesen Diskursen hier wirksam ist.

Diese Vorgehensweise bildet den radikalen Gegenpol zur Kunst von Gursky, Eitel und Demand, die in ihren Bildern eine Einheit von Kunst und Wirklichkeit schaffen, indem sie Abstraktion und Repräsentation einander wechselseitig ergänzen lassen. Rauch geht völlig anders vor: Durch die Verweigerung eines „stimmigen“ Wirklichkeitsbezugs wird eine rein ästhetische Performanz im Rahmen des jeweiligen Bildes erzeugt, die mit Hilfe von diesseitigen Begriffen oder Diskursen nicht aufgelöst werden kann. Hier wie anderswo im Performatismus wird Transzendenzstreben rein artifiziell inszeniert: Die Unergründlichkeit der Figuren, des Geschehens und der Landschaft wirkt – rein formal – nicht von dieser Welt. Diese Unerklärlichkeit wirkt wiederum als einheitliche Performanz auf den Zuschauer ein, der dazu ermuntert wird, die Rätselhaftigkeit des Bildes zu überwinden.

Die wenigen Beispiele performatistischer Kunst, die hier aufgeführt wurden, ließen sich leicht erweitern. An dieser Stelle geht es jedoch hauptsächlich darum, auf prinzipielle Unterschiede zwischen Performatismus und Postmoderne hinzuweisen: Der wesentliche Unterschied besteht darin, dass performatistische Werke doppelt gerahmt sind (sie bilden in sich geschlossene Innenräume). Diese Rahmung erfolgt dadurch, dass man die Erfahrung von Schönheit und Transzendenz durch die Form hindurch – *per formam* – erzwingt. „Durch die Form hindurch" bedeutet hierbei, dass Flächen, Gegenstände oder abgebildete Personen im Werk so zusammenwirken, dass sie eine abgeschlossene Einheit bilden, die von einer eigenwilligen „göttlichen" Hand zu stammen scheint, dessen Tun wir uns nicht ohne Weiteres entziehen können. Die äußere Rahmung (die eigentliche physische Grenze des Bildes oder des Werkes) und die innere Rahmung (die formale Geschlossenheit der Figuren in der Gesamtkomposition) bilden eine Einheit, die bewirkt, dass das Werk von gesellschaftlichen Diskursen und Kontexten zunächst abgetrennt wird. Dies geschieht inhaltlich auf verschiedene Art und Weise. Bei Eitel und Demand entsteht im Werk so etwas wie eine neoklassizistische Ordnungsästhetik, die von Strenge, Trägheit und Symmetrie geprägt ist. Dagegen findet man bei Rauch eine romantische Chaos-Ästhetik, die sich durch Traumzustände, Bewegung und Mangel an Ordnung auszeichnet.

Wichtig ist in jedem Fall, dass diese Werke keine offene, begrifflich gesteuerte Auseinandersetzung mit dem Diskurs der Außenwelt voraussetzen, sondern eine eigene ästhetische Ordnung schaffen, nach dem wir uns zwangsläufig richten müssen. Inwieweit Schönheit (visuelle Anziehungskraft des Bildes) und Transzendenzerfahrung (Erahnung einer höheren Kraft jenseits des Bildes) im konventionellen Sinne zustande kommen, hängt jedoch vom jeweiligen Künstler bzw. dem jeweiligen Bild ab.

Quellen

Bourriaud, Nicolas. *Altermodernism explained: manifesto.* 2009

http://www.tate.org.uk/whats-on/tate-britain/exhibition/altermodern/explain-altermodern/altermodern-explained-manifesto

Danto, Arthur C. *After the End of Art. Contemporary Art and the Pale of History.* Princeton 1995.

Eshelman, Raoul. *Performatism, or the End of Postmodernism.* Aurora 2008, S. 195-226.

McEvilley, Thomas. *The Triumph of Anti-Art. Conceptual and Performance Art in the Formation of Post-Modernism.* New York 2005.

Vermeulen, Timotheus, van den Akker, Robin „Notes on Metamodernism" in: *Journal of Aesthetics and Culture* 2 (2010), 1-14. http://www.aestheticsandculture.net/index.php/jac/article/view/5677/6306#NOTE0021

Fazit

Die Epoche des Performatismus, in der wir uns seit Ende der 90er Jahre befinden, lässt sich als eine grundlegende Reaktion auf weit reichende Veränderungen in unserer Kultur und Lebenswelt begreifen. Der Performatismus reagiert zunächst auf bestimmte eingefahrene Praktiken und Attitüden der Postmoderne. Besonders die quasi zur Pflicht gewordenen Ironisierungsstrategien der Postmoderne haben sich in der Kulturpraxis weitgehend erschöpft. Die endlose, desillusionierende Hinterfragung der hehren Prinzipien der abendländischen Kultur und Gesellschaft mag noch einen gewissen akademischen Reiz haben, in Verbindung mit Literatur, Kunst, Film und Drama ödet sie aber nur noch an – und verfehlt dementsprechend ihr kritisches Ziel. An ihre Stelle ist nicht, wie manche meinen, eine „Intensivierung" der Postmoderne getreten – also eine mit doppelter Mühe betriebene kritische Ironie –, sondern eine genau entgegengesetzte Bewegung, die auf eine mit künstlerischen Mitteln inszenierte Glaubenserfahrung setzt. Diese kulturell erlebte Glaubenserfahrung bedient sich zuweilen noch aus der Trickkiste der Vorgängerepoche, geht aber grundsätzlich anders als diese vor. Denn die neue Richtung geht nicht mehr von einer in unendlichen Regress flüchtenden Ironie aus, sondern zentriert Gestalten oder Kunstgegenstände so, dass die unsere Aufmerksamkeit unwillkürlich auf sich ziehen und binden. Diese Bindung – die man ruhig als eine weltliche Form der Glaubenserzeugung bezeichnen kann –, hat wiederum zu den weit reichenden Verschiebungen in den Praktiken der Kunst, des Films, der Literatur und der Architektur geführt, die in diesem Buch beschrieben sind.

Der Performatismus ist aber gleichzeitig auch eine Reaktion auf bestimmte langfristig angelegte soziale, ökonomische und politische Verschiebungen, deren volles Ausmaß sich noch nicht genau erkennen oder gar vorhersagen lässt. Gerade dies macht eine soziopolitische Einschätzung der neuen Richtung schwer. Sicher ist aber, dass die kritischen Interessen der neuen Entwicklung nicht mehr diejenigen der Postmoderne sind. Die Postmoderne war zunächst von einer abwehrenden Haltung gegenüber den utopischen Ansprüchen der Moderne geprägt. In der heutigen Zeit ist die von Utopismus und Totalitarismus ausgehende Gefahr im Sinne der klassischen Moderne jedoch verschwindend gering. In unserem postideologischen Zeitalter spielt dagegen der politisch instrumentalisierte Glaube – ob im Guten oder im Schlechten – eine viel wichtigere Rolle als klassische ideologische „Ismen“. Fundamentalismus, Populismus, aber auch performativ ausgedrückte politische Bekenntnisse wie Obamas „Yes, we can“ oder Merkels „Wir schaffen es“ sind Ausdrücke dieses Wandels. Da diese politischen Entwicklungen eigene, neue Möglichkeiten und Gefahren mit sich bringen, dürften sie auch mit länger währenden Auseinandersetzungen in der Kultur verbunden sein. Performatistische Werke verfolgen nicht von vornherein eine bestimmte politische Zielsetzung, aber sie neigen dazu, den politischen und sozialen Problemen unserer Zeit als Glaubensfragen zu inszenieren.

Ein weiterer Schwerpunkt der postmodernen Kulturkritik war die erkenntnistheoretisch geleitete Identifikation mit peripheren Opfern der Globalisierung und der gesellschaftlichen Zentralmacht generell. Dabei hat die Ausbreitung des globalen Kapitalismus die für die Postmoderne zentrale Opposition zwischen kapitalistischem Zentrum und peripheren Ländern der ehemals Dritten Welt weniger verschärft als aufgeweicht. Der globale Kapitalismus – was immer man von ihm politisch halten mag –, hat die Bildung neuer, dynamischer Zentren der Kultur in sogenannten Schwellenländern ermöglicht und lässt sich keineswegs nur auf die Marginalisierung von sprachlosen „subalternen anderen" durch hegemoniale Leitmächte reduzieren. Weil der Performatismus die positive Setzung und Zentrierung von privaten und lokalen Werten erlaubt und fördert, kann man mit einer entsprechenden Verschiebung hin zu diesen neuen Zentren rechnen. Beispiele dafür wären der (politisch weitgehend fehlgeschlagene) arabische Frühling oder die Kulturentwicklung in China, die eine neue, besonders dynamische Synthese von lokaler und westlicher Wertigkeit zu versprechen scheint. Auch der Umgang mit digitalen Medien (die in diesem kleinen Buch nur kurz angeschnitten werden konnte) ändert sich: Im Vordergrund steht nicht mehr die unkontrollierte, obszöne Wucherung von falschen Zeichen, sondern die digital ermöglichte Erfahrung der Unmittelbarkeit und Anteilnahme an weit entfernten Geschehnissen. Schließlich eröffnet die künstlerisch vermittelte Glaubenserfahrung des Performatismus die Perspektive einer kulturellen Erneuerung, die unter den Bedingungen der Postmoderne nicht möglich gewesen wäre. Diese kulturelle Erneuerung voranzutreiben ist das vielleicht wichtigste Ziel dieses Buches.

Anhang 1

Anmerkungen zur wissenschaftlichen Postmoderne- und Postpostmoderne-Diskussion

Vorliegende Darstellung des Übergangs von der Postmoderne zum Performatismus geht auf langjährige wissenschaftliche Auseinandersetzungen zurück, die für Laien mengenmäßig unüberschaubar und in der Einzelausführung oft schwer verständlich sind. Daher folgt im Weiteren ein kurzer Überblick für diejenigen, die ihre Kenntnisse erweitern oder vertiefen wollen.

Unser heutiges Verständnis der Postmoderne als kulturelles Gebilde geht in hohem Maße auf Jean-François Lyotards *Das postmoderne Wissen: Ein Bericht* (*La condition postmoderne*, 1979) zurück. Wer diesen bahnbrechenden Text nach fast fünfunddreißig Jahren liest, wird allerdings feststellen, dass der Philosoph Lyotard einen reichlich spekulativen Essay über den Stand der Wissenschaften in „postindustriellen Gesellschaften" verfasst hat und sich sehr wenig um Kultur im engeren Sinne kümmert. Dennoch ist es Lyotard gelungen, mehrere Schlüsselbegriffe zu prägen. Sehr häufig zitiert wird seine Bestimmung der Postmoderne als „das Ende der großen Erzählungen" des Abendlandes (gemeint sind u.a. Aufklärung, Marxismus, Religion und der wissenschaftliche Fortschritt). Wichtig als

Grundmerkmal der Postmoderne ist auch die Pluralität verschiedener Diskurse, die in Bezug aufeinander „inkommensurabel“ bleiben – sich also prinzipiell nicht auf einen gemeinsamen Nenner bringen lassen. Auch das Spielerische an der Postmoderne (im Unterschied zum geradlinigen technologischen Denken der Moderne) wird dabei hervorgehoben. Dabei erfasst Lyotard die spezifisch postmoderne Art der ironischen Aneignung und Umwertung bereits bestehender (moderner) Kulturgüter nicht. Diese Vorstellung einer „pluralen“ Postmoderne ohne modernekritische Ironie wurde später in Deutschland gerne übernommen, und zwar aus Gründen, die es noch zu erläutern gilt.

Im angelsächsischen Bereich dagegen wird in der Regel eine klare begriffliche Trennlinie zwischen Moderne und Postmoderne gezogen. Federführend war der amerikanische Literaturwissenschaftler Ihab Hassan, der Anfang der 70er Jahre einen Merkmalkatalog des Postmodernen herausgearbeitet hat, der heute immer noch brauchbar ist (siehe z.B. seinen Aufsatz „Postmoderne heute“ [1973] in Wolfgang Welsch, *Wege aus der Moderne* [1988] 47-56). Wichtig für das angelsächsische Verständnis der Postmoderne ist das Werk von Fredric Jameson (siehe vor allem seinen Aufsatz „Postmoderne – Zur Logik der Kultur im Spätkapitalismus“ in A. Huyssen und K. Scherpe (Hrsg.), *Postmoderne. Zeichen eines kulturellen Wandels*, 1989; englisches Original: „Postmodernism, or the Cultural Logic of Late Capitalism in: *New Left Review* July-August [1984]). Jameson, der als Marxist der Postmoderne skeptisch gegenüber steht, entwickelt dennoch sehr brauchbare Kategorien

(Nostalgie, Pastiche, Schizophrenie, Tiefenlosigkeit, Affektlosigkeit), die eine begriffliche Differenzierung von Moderne und Postmoderne ermöglichen und die Postmoderne in deren sozioökonomischem Zusammenhang erfassen. Wer Jamesons berühmten (und schwierigen) Aufsatz liest, wird über etwa 90 Prozent des Grundwissens verfügen, das man zum Verständnis der Postmoderne im angelsächsischen Raum braucht. Sein Buch *Postmodernism or, the Cultural Logic of Late Capitalism* (1991) enthält einen umfassenden Überblick über verschiedene Medien und Problemstellungen der Postmoderne. Störend an Jamesons Aufsatz ist allerdings sein 70-er-Jahre-Marxismus, dessen säuerliche Einstellung zum Kapitalismus und zur Konsumkultur des Westens man nicht unbedingt teilen muss (auffällig ist das Fehlen einer reellen politischen oder ökonomischen Alternative). Für Jameson ist die Postmoderne der kulturelle Überbau des sogenannten „Spätkapitalismus“, d.h. eines multinationalen, globalisierten Kapitalismus, der sich neuer Medien bedient und in vorkapitalistische Enklaven der dritten Welt eindringt, um seine Wirkung auszudehnen. Warum dieser global umfassende, heute immer noch stetig anwachsende Spätkapitalismus die Endphase einer gesetzmäßig fortschreitenden historischen Gesamtentwicklung im Marx'schen Sinne darstellt, kann Jameson allerdings nicht sonderlich glaubhaft erklären. Weil Jamesons Marxismus selbst in der links gerichteten akademischen Welt Amerikas nicht wirklich konsensfähig ist, hat die kanadische Literaturwissenschaftlerin Linda Hutcheon in ihrem Buch *A Poetics of Postmodernism* (1988) die skeptischen bis negativen Formulierungen von Jameson ins Positive zu wenden versucht. So weist sie darauf hin, dass postmoderne Strategien nicht bloß leere Oberflächenmechanismen sind (wie Jameson meint), sondern auch zu einer produktiven Vernetzung verschiedener Positionen führen können. Dabei betont Hutcheon auch die ironische Beteiligung der Postmoderne an der Moderne. Das heutige Postmoderne-Verständnis im angelsächsischen Kulturkreis gründet sich im Wesentlichen auf einer Mischung aus den Ansätzen von Lyotard, Hassan, Hutcheon und Jameson.

Wichtig für eine literaturwissenschaftliche Perspektive ist das Buch von Brian McHale, *Postmodernist Fiction* (1989). McHale entwickelt spezifische erzähltechnische Kategorien, um die Postmoderne zu erfassen und wendet sie auf eine große Menge exemplarischer Texte an. Wie Hassan und Jameson geht er von einer klaren konzeptuellen Trennung von Moderne und Postmoderne aus. Verwirrenderweise behauptet McHale, die Postmoderne habe eine „ontologische" (seinsbezogene) Grundausrichtung, die Moderne dagegen eine „epistemologische" (erkenntnistheoretische). Dies mag auf der Erzählebene rein formal stimmen, in Bezug auf die Gesamtausrichtung dieser Epochen ist aber das Gegenteil der Fall. In der Postmoderne kommt man nicht direkt an die „Wirklichkeit" heran, denn sie ist überschrieben mit falschen, wuchernden Zeichen. Die klassische Avantgarde dagegen sucht mit künstlerischen Schockeffekten und mit anderen Mitteln den direkten Zugang zum Sein. Sieht man von dieser Begriffsverwirrung ab, ist McHales Buch jedoch sehr nützlich bei konkreten Erzählanalysen.

In der Architekturkritik sticht besonders das Werk von Charles Jencks hervor. Sein Buch *The Language of Post-modern Architecture* (London 1977; deutsche Übersetzung *Die Sprache der post-modernen Architektur*, Stuttgart 1980) lieferte ein lebendiges Plädoyer für den damals neuen postmodernen Stil und wirkte weit über das Fachgebiet der Architektur hinaus.

Wer sich für eine „Innenansicht" der Postmoderne interessiert, dem seien die Werke des französischen Soziologen Jean Baudrillard sehr empfohlen. Grundlegend sind u.a. *Der symbolische Tausch und der Tod* (*L'Échange symbolique et la mort*, 1974) und *Fatale Strategien* (*Les Stratégies fatales*, 1983). Baudrillard benutzt selbst nie das Wort „Postmoderne" und kümmert sich wenig um argumentative Stringenz oder empirische Beweisführung bei der Begründung seiner zum Teil extravaganten Behauptungen. Dennoch gelingt es ihm, mehrere Schlüsselkonzepte zu formulieren. Am wichtigsten ist das Simulakrum (ein Zeichen, das auf andere Zeichen und nicht auf die Wirklichkeit verweist), aus dem er wichtige Konzepte wie das Böse und das Obszöne ableitet. Diese kommen alle in der „Hyperrealität" zusammen, also in einem Zustand, in dem sich wild wuchernde Zeichen von der eigentlichen Realität lösen und ein übertriebenes, obszönes Eigenleben annehmen, das nur noch in der ständigen Grenzüberschreitung besteht. Daraus folgt das berüchtigte *Posthistoire* – das Ende der Geschichte, weil keine geradlinige oder folgerichtige Entwicklung mehr möglich ist.

Generell hängt die Postmoderne eng mit der philosophischen Richtung des Poststrukturalismus zusammen.

Dies schließt neben Lyotard solche brillanten – und für deutsche Verhältnisse radikalen – Denker wie Jacques Lacan, Michel Foucault, Jacques Derrida und Gilles Deleuze ein. Im Unterschied zu Lyotard benutzen diese vier Autoren so gut wie nie das Wort „Postmoderne". Auch wenn sie dies nicht zugeben, weist ihr Denken jedoch die typischen ironisierenden, erkenntniskritischen Züge der Postmoderne auf. Bei Lacan kommt das menschliche Begehren nie dort an, wonach es strebt, bei Foucault wird das vermeintlich freie menschliche Subjekt von den Diskursen um es herum fremdbestimmt, bei Derrida lässt sich der Sinngehalt einer beliebigen Aussage durch den Kontext immer wieder aufschieben und verdrehen, und bei Deleuze wird das menschliche Gehirn im Kino zu einer Maschine, die mediale Zeichen und deren Querbezüge verarbeitet. Die antihumanistische, von Nietzsche stark beeinflusste Erkenntniskritik dieser Denker führt auch dazu, dass die Möglichkeit einer linearen Geschichtsschreibung, die Moderne und Postmoderne auseinander halten würde, konsequent unterlaufen wird. Dafür zerfällt die geschichtliche Entwicklung in diffuse posthistorische Zustände, die aus zahlreichen lokalen Verschiebungen bestehen und in denen keine prinzipiell neue Entwicklung im Sinne einer epochalen Abgrenzung stattfindet.

Über den Poststrukturalismus und dessen Einzelautoren gibt es inzwischen unzählige Einführungen, auch in deutscher Sprache. Unübertroffen an Lebendigkeit und Klarheit der Darstellung ist Terry Eagletons *Einführung in die Literaturtheorie* (*Literary Theory: an Introduction,* 1983, inzwischen in der 5. Auflage in deutscher Übersetzung).

Die deutsche Postmoderne-Diskussion ist im Vergleich mit der angelsächsischen oder russischen sehr speziell. Grund dafür ist, dass man in Deutschland dazu neigt die Moderne als etwas Positives zu verstehen. So wird der Nationalsozialismus häufig als eine antimoderne Bewegung und nicht als Auswuchs der Moderne aufgefasst (in den USA und in Russland ist man sich dagegen weitgehend einig, dass Erscheinungen wie der Atombombenabwurf oder der Stalinismus sehr wohl „modern" sind). Wer aber die Moderne als eine durchwegs positive, progressive und ausbaufähige Erscheinung begreift, wird kaum offen für eine „Postmoderne" sein, die diese Entwicklung kritisch in Frage stellt und deren Prinzipien ironisch ins Leere laufen lässt. Auch deshalb war die anfängliche Auseinandersetzung mit der Postmoderne in Deutschland nicht nur skeptisch, sondern häufig auch direkt feindselig. So stempelte 1980 Jürgen Habermas, der bedeutendste deutsche Philosoph seiner Zeit, die Postmoderne als „neokonservativ" ab (siehe seinen Aufsatz „Die Moderne – ein unvollendetes Projekt" in: J.H., *Kleine politische Schriften (I-IV)*, 1981). Stattdessen schlug er vor, „das Projekt der Moderne" zu retten, und zwar ausgehend von seiner eigenen Philosophie, die eine sehr unpostmodern anmutende, rationale Konsensbildung betont. Habermas' polemische Einschätzung der Postmoderne als „neokonservativ" hat sich aus guten Gründen nicht durchgesetzt (die meisten postmodernen Dichter und Denker sind eher als links oder gesellschaftskritisch einzustufen), und Habermas hat seine Position auch später korrigiert. Dennoch ist in Deutschland eine generelle Skepsis sowohl gegenüber dem Begriff als auch gegenüber typisch postmodernen Strategien in Kunst, Film und Literatur geblieben.

Dies galt zunächst einmal ebenso für den akademischen Bereich. Dort konnte man lange Zeit mit den radikalen, antihumanistischen Thesen der französischen Poststrukturalisten wenig anfangen. Im Kulturbetrieb selbst gab es anfänglich wenige Autoren, die postmoderne Erzählstrategien konsequent umsetzten (Peter Handke und Patrick Süßkind gehörten zu den auffälligsten). Die Postmoderne in Deutschland hat sich in Kunst und Literatur inzwischen sehr wohl etabliert, ist aber in der Regel weniger verspielt und experimentierfreudig als im angelsächsischen Kulturbereich. Dabei gibt es zur postmodernen Literatur in Deutschland inzwischen eine umfassende wissenschaftliche Sekundärliteratur, die ohne moralisierende Polemik auskommt. Schließlich ist die Postmoderne als Begriff auch im Schulunterricht angekommen, wie Werke wie Christian Dawidowskis *Gegenwartsliteratur und Postmoderne im Literaturunterricht* (Baltmannsweiler 2012) belegen.

Vielleicht weil sich die postmoderne Kultur in Deutschland nur sehr langsam durchgesetzt hat, hat die deutsche Diskussion wenige originelle Beiträge zur Theorie der Postmoderne hervorgebracht. Die bekannteste deutschsprachige Abhandlung – Wolfgang Welschs *Unsere postmoderne Moderne* (1993) – bespricht fast ausschließlich philosophische Werke und orientiert sich einseitig an Lyotard, der Spätmoderne und Postmoderne miteinander vermengt. Welsch rettet die Postmoderne für das positive deutsche Moderne-Verständnis, indem er die Postmoderne als eine „radikale Pluralität“ und als eine dialektische

Erweiterung und Korrektur der Moderne bestimmt. Dieser Kompromissvorschlag, der Moderne und Postmoderne scheinbar nahtlos miteinander verbindet, hat sich inzwischen in Deutschland weitgehend durchgesetzt. Dadurch aber werden die radikal ironisierenden, modernekritischen Komponenten der Postmoderne konsequent unter den Teppich gekehrt. Deshalb ist es auch schwierig, mit Welschs Modell, das ohnehin sehr abstrakt ist, einzelne Werke zu interpretieren. So ist der frei erfundene Ballon in der gleichnamigen Erzählung von Barthelme (vgl. Kapitel 1) sicherlich ein Träger der „radikalen Pluralität", er ist aber zugleich eine ironische Abrechnung mit dem technologischen Innovationsdrang und mit dem Authentizitätsstreben der Moderne. Auch die Endlosschleife, in der der Held gefangen bleibt, lässt sich schwerlich im Sinne einer befreienden „radikalen Pluralität" auslegen. Insgesamt ist die deutsche Diskussion ohne allzu große Wirkung außerhalb des deutschen Sprachraums geblieben. Welschs lebendig geschriebenes Buch, das in Deutschland inzwischen sieben Auflagen durchlaufen hat, ist bezeichnenderweise nie ins Englische übersetzt worden.

Eine sehr gute und nicht allzu lange Diskussion der Begriffsentwicklung des Begriffs „Postmoderne" bietet Perry Andersons *The Origins of Postmodernity* (1998). Besonders hilfreich ist seine Erläuterung der Positionen von Lyotard, Habermas und Jameson. Inzwischen gibt es unzählige mehr oder weniger nützliche Überblicke über die Postmoderne, meist aber in englischer Sprache. Eine gut verständliche (und kurze) deutsche Einführung ist Roger Behrens' *Postmoderne* (2004).

Performatismus und die Diskussion über die Postpostmoderne

Trotz des verbreiteten Gefühls, dass die Postmoderne in den 90er Jahren auf dem absteigenden Ast war, lief die Postpostmoderne-Diskussion im akademischen Bereich nur sehr langsam an. Grund dafür war – und ist immer noch – die Verpflichtung vieler Akademiker gegenüber den Methoden des Poststrukturalismus. Demnach begreift man Geschichte nicht als eine Abfolge von kategorisch differenzierbaren Epochen, sondern als lokale Veränderungen in einem unüberschaubaren Gefüge von überlappenden Diskursen. Wer dies annimmt, wird jegliche Abweichung von der Postmoderne als eine mehr oder weniger zufällige Verschiebung an deren Rand begreifen und nicht als Teil einer prinzipiell neuen Gesamtentwicklung. Daher betrachten viele Akademiker das, was hier als Postpostmoderne oder Performatismus verhandelt wird, einfach als eine etwas merkwürdig wirkende Fortsetzung der Postmoderne. Ihre Methodik erlaubt es ihnen nicht, eine historische Weiterentwicklung über die „Postmoderne" hinaus begrifflich überhaupt zu erfassen.

Wohl auch deshalb stammte der allererste Versuch, die Postpostmoderne formal zu bestimmen, von einem Landschaftsarchitekten (Tom Turner, *City as Landscape: A Post Post-modern View of Design and Planning*, 1995) und nicht von einem Literatur- oder Kulturwissenschaftler. Turner nennt die Hinwendung zum Glauben als einen wichtigen Punkt und zitiert als Orientierungsquellen den Architekten Christopher Alexander, den Taoismus und C.G. Jung. 1999 wurde die Prägung „Postmillennialismus" von Eric Gans in einem Internetbeitrag („The Post-Millennial Age" in seinem Blog *Chronicles of Love and Resentment*) vorgeschlagen. Gans, der ein stramm neokonservatives Weltbild vertritt, wendet sich gegen das „Opferdenken" der postmodernen Linken und schlägt eine „postmillenniale Wende" vor. Demnach sollen linke Ressentiments, die sich aus übertriebener Solidarität mit Opfern aus gesellschaftlichen Randgruppen bilden, durch Dialog und Akzeptanz der Verteilungsmechanismen der Marktwirtschaft und der bürgerlichen Demokratie überwunden werden (siehe den Beitrag „Victimary Thinking Forever?" in seinem Internet-Blog *Chronicles of Love and Resentment*). Diese politische Vision der Postpostmoderne als friedfertigen Dialog mit eingebauter Rechtstendenz hat sich in seinem amerikanischen Heimatland bekanntlich nicht verwirklicht, und Gans hat das Konzept nicht weiter entwickelt oder vertieft.

Etwa gleichzeitig mit (aber unabhängig von) Gans' Vorschlag habe ich das Konzept des Performatismus entwickelt. Was immer man vom Performatismus halten mag, ist er doch die erste Theorie der Postpostmoderne, die sich umfassend mit Kultur im engeren Sinne befasst (also mit Literatur, Film, Architektur, Kunst usw.). Die erste programmatische Formulierung des Konzepts, „Der Performatismus oder das Ende der Postmoderne. Ein Versuch", erschien 2000 im *Wiener Slawistischen Almanach* und kurz danach in einer englischen Fassung in Gans' Internetzeitschrift *Anthropoetics*. 2008 erschien das Buch *Performatism, or the End of Postmodernism*, das meine Arbeit bis dahin zusammenfasste und sich in erster Linie an ein akademisches Publikum richtete.

Konkurrierende Monographien, die die Postpostmoderne als Kulturformation im engeren Sinne behandeln, gab es bis 2009 nicht. Eine eher soziologisch geprägte Studie ist der 2004 erschienene Essay *Les temps hypermodernes* (Englisch: *Hypermodern Times*, 2005) des französischen Philosophen Gilles Lipovetsky. Lipovetsky betreibt einen Diskurs, der z.T. stark an die Hyperrealitätsthese von Baudrillard erinnert und genauso wenig empirisch belegt wird. Originell bei ihm ist die These, dass schnelle, beunruhigende, „hypermoderne" Änderungen in Technologie und Wissenschaft zur Herausstellung der „individuellen Souveränität" geführt haben, was Baudrillards Konzeption direkt widerspricht.

Nach der Jahrtausendwende lief die akademische Diskussion über die Postpostmoderne nur sehr zögerlich an. In dem von Klaus Stierstorfer herausgegebenem Sammelband *Beyond Postmodernism. Reassessments in Literature, Theory, and Culture* (2003), wagten nur wenige Autoren, die Möglichkeit der Postpostmoderne überhaupt anzuerkennen. So betitelte der österreichische Literaturwissenschaftler und Postmoderne-Theoretiker Peter V. Zima seinen Beitrag „Why the Postmodern Age Will Last" [Warum das postmoderne Zeitalter andauern wird]. Immerhin hat Ihab Hassan, einer der Begründer der literaturwissenschaftlichen Postmoderne-Diskussion in Amerika, die Möglichkeit einer postpostmodernen, spirituell unterlegten „Ästhetik des Vertrauens" eingeräumt, ohne jedoch ein einziges konkretes Werk zu nennen, das dies belegt. Noch weniger ergiebig war die Sonderausgabe der Zeitschrift *Twentieth Century Literature* 3 (2007), die den Untertitel

„After Postmodernism: Form and History in Contemporary American Fiction" trug. Hier konnte sich keiner der sieben Autoren zu einer verbindlichen, positiven Aussage über die Postpostmoderne durchringen.

Erst ab 2009 beginnt sich diese Zögerlichkeit im Umgang mit dem Thema zu ändern. 2009 erscheint Alan Kirbys *Digimodernism* sowie Robert Samuels' *New Media, Cultural Studies, and Critical Theory after Postmodernism*, 2010 geben Tim Vermeulen und Robin van den Akker ihr „metamodernistisches" Manifest heraus, 2010 erscheint Nicoline Timmers *Do You Feel it Too? The Post-Postmodern Syndrome in American Fiction at the Turn of the Millennium*. 2012 kommt Jeffrey Nealons *Post-Postmodernism or, The Cultural Logic of Just-in-Time Capitalism* heraus; darauf folgen Mary K. Hollands *Succeeding Postmodernism* (2013), Yuan Xues *Über den Körper hinaus*, Zarifa Mamedovas *Narren als Vorbilder* und Irmtraud Hubers *Literature after Postmodernism* (alle 2014) und Wolfgang Funks *The Literature of Reconstruction* (2015). Im selben Jahr erschienen ist auch der Sammelband *Einheitsdenken. Figuren von Ganzheit, Präsenz und Transzendenz nach der Moderne* (Hg. Irina Hron), der deutsch- und englischsprachige Beiträge zur Postpostmoderne-Diskussion sowie einen von Irina Hron verfassten deutschsprachigen Überblick über Theorien der Postpostmoderne enthält. Der allerneueste Beitrag zur Diskussion ist Nadine Feßlers *Being Struck by the Event. Literature and its Subjects after Postmodernism* (2016).

Diese Werke bieten sehr unterschiedliche Perspektiven an. Die von Vermeulen und van den Akker gegründete Website „Notes on Metamodernism" setzt sich mit einer

Vielzahl von kulturellen Erscheinungen von Literatur und Kunst bis hin zur Kulturtheorie und Politik auseinander. Mein Performatismus-Buch und meine Performatismus-Website beschäftigen sich mit Literatur, Kunst, Film, Architektur und Philosophie. Die Bücher von Holland, Huber, Timmer, Funk und Feßler behandeln in erster Linie amerikanische Literatur; die Bücher von Nealon und Samuels sprechen politische, sozioökonomische und kulturtheoretische Probleme an, betreiben aber so gut wie keine literatur- oder filmwissenschaftliche Analyse im engeren Sinne. Mamedova bespricht russische Literatur, die Narren als Protagonisten hat, und Xue behandelt zeitgenössische europäische Romane in Bezug auf einheitsstiftende Geschlechterverhältnisse (beide benutzen den Performatismus als Ausgangspunkt). Alan Kirbys *Digimodernism* bezieht seine technologiekritischen Thesen auf eine Vielzahl von kulturellen Erscheinungen (Literatur, Film, Kunst, Lebenswelt). Der Sammelband *Supplanting the Postmodern. An Anthology of Writings on the Arts and Culture of the Early 21st Century* (2015, herausgegeben von David Rudrum und Nicholas Stavros) bietet kommentierte Auszüge aus den oben zitierten Werken.

Neben diesen Beiträgen gibt es zahlreiche Bücher, die Phrasen wie „nach der Postmoderne“ im Titel tragen. Diese sind aber hauptsächlich bemüht, ältere und meist nicht mehr allzu aktuelle Theorien durch die Hintertür wieder einzuführen oder einschlägig bekanntes postmodernes Gedankengut noch einmal Revue passieren zu lassen. Eine in englischer Sprache kommentierte Bibliographie zur

Literatur über die Postpostmoderne findet man auf meiner Website (www.performatismus.de).

Somit bleibt die aktuelle akademische Diskussion über die Postpostmoderne relativ überschaubar. An dieser Stelle ist eine vertiefende und differenzierte Diskussion der verschiedenen Ansätze nicht möglich, weil dies mit längeren fachlichen Erläuterungen verbunden wäre. Unter den Autoren, die sich im engeren Sinne mit postpostmoderner Literatur befassen – es sind Eshelman, Feßler, Funk, Huber, Mamedova, Timmer, Vermeulen/van den Akker und Xue – hat sich dennoch ein grober Konsens herausgestellt. Dieser lässt sich auf die folgenden vier Punkte zurückführen:

Postpostmoderne Literatur ist *konstruiert*. Wir haben stets das Gefühl, dass sich eine höhere Erzählinstanz in die Handlung einmischt und diese (und uns) manipuliert. (Weil die Postmoderne ebenfalls diese Eigenschaft aufweist, wird dies sehr häufig als „Beweis" dafür herangezogen, dass die Postpostmoderne bloß eine Variante der Postmoderne sei.)

Postpostmoderne Literatur – im krassen Unterschied zur Postmoderne – stellt *positive Zweierbeziehungen* heraus. In postpostmodernen Werken können Menschen erfolgreich kommunizieren, sich lieben und versöhnen, sich „authentisch" und „aufrichtig" zueinander verhalten, „Einheit" oder ein „Wir-Gefühl" schaffen. Die Konstruiertheit der postpostmodernen Literatur fördert zwischenmenschliche Zustände, die denen der Postmoderne völlig fremd sind.

Postpostmoderne Literatur ist von einem vorsichtigen, aber grundlegenden *Optimismus* geprägt, den man in postmoderner Literatur selten oder gar nicht findet. Grund dafür ist, dass Wertigkeit ernsthaft bejaht und nicht ironisch zersetzt wird. Restironie ist bei postpostmodernen Werken immer noch vorhanden, sie wird aber durch die auffällige, auf Positives verweisende Konstruiertheit der Erzählweise in den Hintergrund gedrängt.

Postpostmoderne Literatur eröffnet einen *Horizont der Transzendenz*. Vor allem inszeniert sie Momente, die Glauben verlangen (Glauben an das Unwahrscheinliche, Glauben an das Fantastische, Glauben an andere usw.). Man wird dazu ermuntert, Dinge zu akzeptieren, die man normalerweise rational ablehnen oder stark hinterfragen müsste.

Wer sich für eine vertiefte Diskussion dieser und anderen Positionen interessiert, kann meinen Blog unter www.performatismus.de konsultieren, vor allem Post 4, „Theory Smackdown" und die „Annotated Bibliography of Works on Post-postmodernism". Eine weitere gute Übersicht über die Sekundärliteratur zur Postpostmoderne bietet das erste Kapitel von Irmtraud Hubers *Literature after Postmodernism: Reconstructive Fantasies* (2014).

Insgesamt hat sich keine von diesen Einzelkonzepten der Postpostmoderne durchgesetzt, und die Diskussion dürfte weiterhin noch eine ganze Weile offen bleiben. Wer für sich selbst erfahren möchte, inwieweit der Performatismus bzw. die Postpostmoderne bereits bei uns eingekehrt ist, sei auf Anhang 2 verwiesen – dort werden Kriterien geliefert, mit denen Sie selbst überprüfen können, ob Werke, die Sie kennen, bereits zur neuen Epoche gehören!

Quellen zur Postpostmoderne-Diskussion

Eshelman, Raoul. „Der Performatismus oder das Ende der Postmoderne. Ein Versuch“. In: *Wiener Slawistischer Almanach* (2000)149-173.

Eshelman, Raoul. *Performatism, or the End of Postmodernism*, Aurora 2008.

Feßler, Nadine. *Being Struck by the Event. Literature and its Subjects after Postmodernism.* München 2016.

Funk, Wolfgang. *The Literature of Reconstruction, Authentic Fiction in the New Millennium.* London 2015.

Gans, Eric. „The Post-Millennial Age“. In: *Chronicles of Love and Resentment* No. 209, 3 June 2000. http://www.anthropoetics.ucla.edu/views/vw209.htm

Gans, Eric. „Victimary Thinking Forever?“ In: *Chronicles of Love and Resentment* No. 230, 31 March 2001. http://www.anthropoetics.ucla.edu/views/vw230.htm

Holland, Mary K. *Succeeding Postmodernism: Language and Humanism in Contemporary American Literature.* New York 2013.

Hron, Irina (Hg.). *Einheitsdenken. Figuren von Ganzheit, Präsenz und Transzendenz nach der Moderne.* Nordhausen 2015.

Huber, Irmtraud. *Literature after Postmodernism. Reconstructive Fantasies.* London 2014.

Kirby, Alan. *Digimodernism. How New Technologies Dismantle the Postmodern and Reconfigure our Culture.* New York 2009.

Lipovetsky, Gilles. *Les temps hypermodernes.* Paris 2004. Englische Übersetzung: *Hypermodern Times.* Cambridge (UK) 2005.
Mamedova, Zarifa. *Narren als Vorbilder.* München 2014.
metamodernism.com [Website über metamodernism]
Nealon, Jeffrey *Post-Postmodernism or, The Cultural Logic of Just-in-Time Capitalism*. Stanford 2012.
Rudrum, David und Stavros, Nicholas (Hg.). *Supplanting the Postmodern. An Anthology of Writings on the Arts and Culture of the Early 21st Century*. New York 2015.
Samuels Robert. *New Media, Cultural Studies, and Critical Theory after Postmodernism: Automodernity from Zizek to Laclau (Education, Psychoanalysis, and Social Transformation)*. New York 2009.
Timmer Nicoline. *Do You Feel it Too? The Post-Postmodern Syndrome in American Fiction at the Turn of the Millennium*. Amsterdam 2012.
Turner, Tom. *City as Landscape: A Post Post-modern View of Design and Planning*. London 1995.
Vermeulen, Tim und van den Akker, Robin. „Notes on Metamodernism". In: *Journal of Aesthetics and Culture* 2 (2010).
http://www.aestheticsandculture.net/index.php/jac/article/view/5677/6304
Xue, Yuan. *Über den Körper hinaus.* Bielefeld 2014.

Anhang 2

Performatismus selbst bestimmen!

Die Zugehörigkeit von Werken zu Epochen wie „Moderne“, „Postmoderne“ oder „Performatismus“ ist nicht immer leicht zu bestimmen. Es gibt in jedem Einzelfall immer gewisse Abweichungen von den begrifflichen Vorgaben, die – wie es in der Natur der Sache liegt –, nicht alles im Voraus erfassen können. Auch gibt es Überschneidungen, Graubereiche und zweifelhafte Fälle, über die man endlos diskutieren könnte. Dies bedeutet jedoch nicht, dass es keinen Sinn hat, Kriterien zu entwickeln, die eine begriffliche Gegenüberstellung von Epochen ermöglichen. Die folgende Tabelle gibt einige dieser Kriterien an, mit denen Leser die Zugehörigkeit eines Erzählwerkes zum Performatismus oder zur Postmoderne selbst bestimmen können.

Performatismus	Postmoderne
Charakterisierung der Figuren Charaktere weisen einheitliche, stabile Kerneigenschaften auf, mit denen man sich spontan identifizieren kann. Charaktere sind in der Regel fähig, positive Zweierbeziehungen einzugehen.	**Charakterisierung der Figuren** Charaktere sind instabil, weisen häufig widersprüchliche Eigenschaften auf, die eine Identifikation verhindern. Erfolgreiche Zweierbeziehungen sind meist nicht möglich.

Performatismus	Postmoderne
Erzähltechnik Doppelte Rahmung. Performatistische Werke verklammern eine äußere Werkebene mit einer inneren Szene, die uns verbindlich an etwas glauben lässt.	**Erzähltechnik** Endloser Regress. Postmoderne Werke bauen Endlosschleifen, die sich nicht auflösen lassen und den festen Glauben an etwas endlos unterminieren.
Auktorialität Wiederbelebung des Autors. Spürt man im Werk eine starke auktoriale Hand, die uns in eine bestimmte Richtung (durch doppelte Rahmung) weist, ist das Werk performatistisch.	**Auktorialität** Tod oder Schwund des Autors. Erweist sich die auktoriale Position als eine Art Endlosschleife oder endloser Regress, ist das Werk postmodern.
Zeichentheorie Mimesis (Nachahmung) und Anschauung (Intuition) sind bestimmend. Sprache und Zeichen sind häufig einfach oder eindeutig verständlich und lassen sich durch Nachahmung oder „Bauchgefühl" erfolgreich wiederholen und anwenden.	**Zeichentheorie** Diskurse sind bestimmend. Sprache besteht aus einer unendlichen Pluralität von sich ständig erweiternden Möglichkeiten. Eine Vielzahl von sich überschneidenden Diskursen führt zur Fremdbestimmung des Menschen.

PERFORMATISMUS	POSTMODERNE
Seinslehre Transzendenz wird in Aussicht gestellt (aber nicht immer erreicht). Die Grundhaltung ist (verhalten) optimistisch.	**Seinslehre** Die Welt ist in einer endlosen Immanenz gefangen. Einen transzendenten Ausweg gibt es nicht. Falls ein solcher Ausweg in Aussicht gestellt wird, erweist sich dieser als Sackgasse oder Zwickmühle. Die Grundhaltung ist pessimistisch.
Täterethik Ethik entsteht entweder durch das Verharren in einer bestimmten, von der Norm abgesonderten Position oder durch nachahmungswürdige Handlungen. Das ethische handelnde Subjekt bringt sich damit bewusst oder unbewusst in eine zentrale Stellung, die zur Nachahmung einlädt. Die Besetzung des Zentrums in dieser Weise wird als positiv angesehen.	**Opferethik** Quelle der Ethik ist das periphere Opfer, das Verfolgung, Unrecht, Gewalt usw. vom Zentrum aus erleidet. Gegen dieses Unrecht versucht man, sich durch Diskurskritik zu wehren. Das Zentrum ist von vornherein mit Unrecht und Gewalt verbunden und eine positive Besetzung des Zentrums ist ausgeschlossen.

Performatismus	Postmoderne
Theismus Jenseits der normalen Kontingenzzusammenhänge scheint es etwas zu geben, das diese steuert. Dies muss nicht direkt ein menschlich gedachter (theistischer) Gott sein, sondern kann irgendeine höhere Kraft sein, die zielgerichtet zu handeln scheint. Diese höhere Kraft wird häufig durch das Wirken einer auktorialen Instanz suggeriert (siehe auch Auktorialität).	**Deismus** Wenn es einen jenseitigen Ursprung gegeben hätte, dann können wir diesen nur über diese Zeichen erfahren, die er hinterlassen hat. Die Auslegung von Zeichen steht im Vordergrund.
Ernsthaftigkeit Die Grundhaltung ist ernsthaft, und zwar in dem Sinne, dass menschliche Ziele und Absichten – egal wie unsinnig oder verquer diese sein mögen –, trotzdem eine Aussicht auf Realisierung haben. Wer daran glaubt, kommt mit der Welt am besten zurecht.	**Ironie** Die Grundhaltung ist ironisch: menschliche Ziele und Absichten kehren sich grundsätzlich ins Gegenteil. Wer dies erkennt, kommt mit der Welt am besten zurecht.

Performatismus	Postmoderne
Subjektivität Der Grundzustand von Protagonisten besteht in einer biosozialen Trennung von der Gesellschaft, die Charaktere einheitlich und abgekapselt erscheinen lässt. Charaktere versuchen, diesen Zustand zu überwinden (oft mit Erfolg).	**Subjektivität** Der Grundzustand von Protagonisten ist der einer diskursiv bedingten Fremdbestimmung, die keine innere Einheit aufkommen lässt. Charaktere erscheinen als diffus oder befinden sich in zwickmühlenartigen Situationen. Versuche, diese Zustände zu überwinden, enden in Misserfolg.
Ästhetik Performatismus entwirft grundsätzlich positive Projektionen. Schönheit wird zunächst formal hergestellt, durch die Schaffung eines abgeschlossenen (erzählerischen oder architektonischen) Raums, zu dem man Abstand nehmen kann und der auf einen ganzheitlich einwirkt.	**Anti-Ästhetik** Im Vordergrund steht Desillusionierung – die ironische Entwertung von Projektionen aller Art. Schönheit ist eine Oberflächenerscheinung, die inszeniert werden kann, in der Regel aber als Schein entlarvt wird.

Abbildungsverzeichnis

Kap. 1

Abb 1: © Estate Bernd and Hilla Becher, 2016
Abb 2: © Thomas Ruff, VEGAP, Mallorca, 2016
Abb 3: © bpk/Staatsgalerie Stuttgart/Volker Naumann
Abb 4: © Andreas Gursky / VEGAP, 2016. Courtesy Sprüth Magers Berlin London.
Abb 5: © Raoul Eshelman
Abb 6: © Raoul Eshelman

Kap. 2

Abb 1: © Universal Pictures
Abb 2: © Universal Pictures

Kap. 4

Abb 1 - 17: © Raoul Eshelman
Abb 18: Tim Eitel; Schwarzer Sand, 2004; Öl auf Leinwand; 260 x 190 cm; Private Collection; courtesy Galerie EIGEN + ART Leipzig/Berlin, The Pace Gallery and Galerie Jousse Entreprise; Foto: Uwe Walter, Berlin; VG Bild-Kunst, Bonn 2016
Abb 19: Tim Eitel; Mondrian (mit gelb), 2001; Öl, Acryl auf Leinwand; 150 x 200 cm; Sammlung Queenie, München; courtesy Galerie EIGEN + ART Leip-

zig/Berlin, The Pace Gallery and Galerie Jousse Enterprise;VG Bild-Kunst, Bonn 2016
Abb 20: © Thomas Demand, VEGAP, Mallorca, 2016
Abb 21: © Thomas Demand, VEGAP, Mallorca, 2016
Abb 22: © Thomas Demand, VEGAP, Mallorca, 2016
Abb 23: © Neo Rauch, VEGAP, Mallorca, 2016

Textverzeichnis

Kap. 1

Die Diskussion der Pinakothek sind folgendem Werk direkt entlehnt:

Eshelman, Raoul: „Ordnungsästhetik nach der Postmoderne: zur Wiederkehr klassischer Ordnungsnormen im Performatismus".

In: „Orbis antiquus, Band 48: Christian Pietsch und Tobias Leuker (Hrsg.): *Klassik als Norm - Norm als Klassik - Kultureller Wandel als Suche nach funktionaler Vollendung*. Aschendorff Verlag, Münster 2016, 268-292.

17001481R00108

Printed in Poland
by Amazon Fulfillment
Poland Sp. z o.o., Wrocław